ÁRVORES nativas do BRASIL

Volume 1

Copyright © Silvestre Silva, 2013
Todos os direitos reservados para

Editora Europa
Rua Alvarenga, 1416 – CEP 05509-003 – São Paulo, SP
Telefone (11) 3038-5050
sac@europanet.com.br
www.europanet.com.br

Editor e Publisher	Aydano Roriz
Diretor Executivo	Luiz Siqueira
Diretor Editorial	Roberto Araújo
Autor	Silvestre Silva
Gerente de Projeto	Vinicius Casagrande
Editora	Gabi Bastos
Redação dos textos	Silvestre Silva e Gabi Bastos
Revisão de texto	Entrelinhas Editorial
Edição de arte	Leticia Ruggiero Corsi Nunes
Digitalização de imagens	Andréa Gomes
Design da capa	Welby Dantas
Consultoria botânica	Valerio Romahn

```
Dados Internacionais de Catalogação na Publicação (CIP)
       (Câmara Brasileira do Livro, SP, Brasil)

   Silva, Silvestre
      Árvores nativas do Brasil : volume 1 /
   Silvestre Silva. -- São Paulo : Editora Europa,
   2013.

      ISBN 978-85-7960-188-0

      1. Árvores - Brasil I. Título.

   13-09524                              CDD-582.160981
              Índices para catálogo sistemático:
           1. Brasil : Árvores : Botânica   582.160981
```

Comercial
Fabiana Lopes - fabiana@europanet.com.br - (11) 3038-5058

Promoção
Aida Lima - aida@europanet.com.br - (11) 3038-5118

Além da bela florada, a *Apeiba tibourbou* é a única indicada para se fazer uma jangada

Histórias fascinantes

Comece pelos sofisticados salões franceses do ano de 1921. As mulheres queriam roupas práticas para andar de automóvel e dançar o Charleston. Queriam também um novo perfume. Foi quando a Maison Chanel lançou "um perfume com cheiro de mulher". Feito a partir do óleo essencial da *Aniba rosaeodora* ou, mais especificamente, do pau-rosa. Sim, é de uma árvore nativa brasileira o mais conhecido dos perfumes.

Vá, então, para as praias do Nordeste brasileiro. Nada mais típico que um mar imenso, uma bela praia e algumas jangadas. Talvez você não saiba que, para fazer uma boa jangada, deve-se usar o pau-de-jangada, de nome científico *Apeiba tibourbou*. Com outra madeira não dá certo.

Se pensar um pouco, vai lembrar do ensino fundamental, quando te ensinaram que o nome do seu país veio do pau-brasil, *Caesalpinia echinata*. Poderá se lembrar do gosto da castanha de caju, do arroz com pequi, que já lustrou um móvel feito com a madeira de cedro usando o óleo de peroba...

Seja lá o que for, as árvores típicas do Brasil têm muita história para contar. E ninguém melhor que Silvestre Silva, que passa a vida estudando e fotografando essas espécies, para relatar tantos casos. Vale a pena acompanhar esta coleção. Mais do que botânica, estes livros são lições de gastronomia, cultura e arte de todo um povo.

Roberto Araújo
Editor

O homem e as árvores

Silvestre Silva assumiu prazerosamente a função de reunir fotos e histórias sobre as mais importantes árvores do Brasil

O acervo de fotografia de Silvestre Silva conta com mais de 80 mil imagens de árvores nativas do Brasil clicadas em centenas de viagens que realizou aos mais remotos cantos do país. Um trabalho que começou há mais de 30 anos, após ele ter tido uma experiência que mudaria sua vida. Em 1976, durante uma de suas viagens a Brumadinho (MG), sua cidade natal, Silvestre decidiu procurar um pé de bacupari, fruta comum na região e ficou surpreso ao se dar conta de que não conseguia localizar a árvore entre tantas outras na mata. "Foi como se eu tivesse perdido a ligação com aquela frutífera que fez parte da minha infância. Fiquei muito aborrecido", conta. E o aborrecimento aumentou depois que ele percebeu

que essa e outras frutíferas também eram, pelo menos visualmente, desconhecidas para grande parte da população. Além disso, percebeu que os livros científicos traziam apenas informações morfológicas sobre elas. "Havia pouco conhecimento histórico e cultural relacionado às árvores. Por tudo isso, resolvi assumir a função de retratá-las em todos os aspectos", explica.

Com o tempo, o interesse se estendeu a outras árvores brasileiras, tanto no aspecto botânico, quanto histórico e social. "A relação árvore-homem é muito rica", diz Silvestre Silva, que procura referências sobre esse vínculo até em obras literárias, como *Grande Sertão: Veredas*, de Guimarães Rosa, *Os Sertões*, de Euclides da Cunha, e vários outros livros, incluindo os que narram histórias dos viajantes do século 16 ao 19. Foi em *Os Sertões*, por exemplo, que Silvestre conheceu a história do incó (*Capparis yco*), árvore cujos ramos são utilizados em camadas para cobrir casas no sertão baiano e amenizar a temperatura no ambiente interno. E sem medir esforços, o fotógrafo foi até o Raso da Catarina, região da Guerra de Canudos, na Bahia, para retratá-la.

Nas três décadas de viagens pelo Brasil, não faltaram aventuras a Silvestre. Uma, de 2005, resultou em algumas das fotos mais raras do seu acervo. Para registrar a amazônica *Coccoloba*, árvore com as maiores folhas do mundo, o fotógrafo precisou pegar dois tipos de barcos, veículo 4 x 4 e se embrenhar pela mata fechada por mais de 18 km.

As informações sobre as espécies e sua localização nos biomas brasileiros, o fotógrafo consegue com biólogos, agrônomos e pesquisadores. Já para chegar até elas conta com a ajuda dos mateiros, "que sempre têm muitas histórias e ditados populares para contar, como o que diz, em terra de murici, cada um que cuide de si", fala Silvestre.

Um dos aspectos mais interessantes do trabalho, segundo o fotógrafo, é conferir pessoalmente o poder de adaptação de uma mesma espécie a ecossistemas diferentes. A cangerana, por exemplo, que chega a medir 30 m de altura na Floresta Atlântica, em outros tipos de bioma pode parecer apenas um

Foto: Vanessa Ganna da Silva

arbusto. Já a copaíba só produz seu famoso óleo na região amazônica, embora também seja encontrada no Sudeste e no Centro-Oeste.

Estas são apenas algumas das muitas histórias e espécies que Silvestre Silva levou uma vida para reunir e que podem ser conferidas nesta rica coleção, dividida em três volumes, de **Árvores Nativas do Brasil**.

Abarema jupunba
Angelim-falso, contas-de-nossa-senhora, ingarana, pau-bicho, tento

Família *Fabaceae*

É uma bela espécie, de flores vistosas e frutos de formato inusitado, indicada para o paisagismo de grandes espaços. Ela é nativa das áreas de terra firme da região amazônica e do cerrado e também pode ser encontrada na Mata Atlântica do Ceará até o Rio de Janeiro. Em locais de clima úmido, chega a atingir até 30 m de altura, em regiões secas, seu porte fica menor.

As inflorescências, parecidas com pompons, do angelim-falso são formadas por flores filiformes, brancas ou amareladas, e surgem agrupadas em forma de pincel – fascículos – de outubro a janeiro. Os frutos surgem no primeiro semestre, medem cerca de 9,5 cm de comprimento e, à medida que amadurecem, tornam-se marrom-ferrugem na parte externa e avermelhados na face interna. Eles são deiscentes – abrem-se quando maduros – e, ao secarem, se contorcem para liberarem suas poucas sementes arredondadas, geralmente com duas cores. Antigamente, as sementes eram utilizadas na confecção de terços, daí a espécie também ser conhecida como contas-de--nossa-senhora.

O angelim-falso tem tronco reto, de até 60 cm de diâmetro, com casca marrom-escura, rugosa e fissurada. A madeira é pesada, mas de baixa resistência e costuma ser usada apenas para dar acabamento em áreas internas ou para a confecção de caixas e caixotes. A copa da árvore é larga e muito ramificada. As folhas são bipinadas, com de 2 a 4 pares de segmentos e de 4 a 8 pares de folíolos.

As sementes devem ser plantadas em solo fértil e sob sol pleno, logo após serem coletadas. A emergência é baixa e ocorre em até 4 semanas. O crescimento no campo é lento.

As inflorescências parecem pompons brancos e os frutos adquirem um formato muito particular quando amadurecem

Um belo exemplar da árvore borda uma das alamedas do Jardim Botânico do Rio de Janeiro

Allantoma lineata
Ceru, cheru, churu, seru
Família *Lecythidaceae*

O fruto é a parte mais instigante da espécie nativa das matas de igapó e dos igarapés dos estados do Amazonas e do Pará e de parte da Venezuela. Ele é cilíndrico, lenhoso, mede de 10 cm a 15 cm de comprimento e é deiscente e pixídio – tem uma parte superior que se desprende naturalmente ao amadurecer. Quando o fruto abre, libera sementes compridas, escuras e macias que podem ser consumidas. Elas são muito apreciadas pelos ribeirinhos que saem à procura da especiaria para degustar seu sabor adocicado, muito característico.

O ceru mede cerca de 12 m, é bastante ramificado e apresenta copa larga e piramidal. Seu tronco tem entre 25 cm e 70 cm de diâmetro e é recoberto por casca pardo-escura, com manchas provocadas por liquens. A madeira, de qualidade média, é indicada para a produção de embalagens ou para dar acabamento em construções civis. As folhas são simples, alternadas e compridas, com de 10 cm a 25 cm de comprimento por de 5 cm a 10 cm de largura. Além disso, possuem pontas acuminadas e nervuras laterais – de 18 a 25 pares – bem marcadas. Já as flores são brancas ou amareladas, com numerosos estames terminais, e surgem em cachos, racemos ou panícula.

A árvore se reproduz por sementes, mas a taxa de germinação é baixa. Quando colhidas dos frutos tirados das árvores, as sementes devem ser secas sob sol pleno ou meia-sombra antes de serem plantadas. Quando coletadas do solo, elas devem ser colocadas para germinar logo em seguida. Com duas regas ao dia, as sementes brotam em até dois meses.

As características da espécie foram verificadas na região amazônica e podem alterar fora desse local.

A árvore mede cerca de 12 m de altura, tem folhas grandes e tronco cascudo. As sementes comestíveis dos frutos se desprendem naturalmente (abaixo) e são colhidas do chão ou igarapós pela população ribeirinha. Elas têm um sabor adocicado muito particular

A

Florada intensa fotografada na primavera, com a árvore ainda caduca

Aloysia virgata
Lixa, lixinha, lixa-branca, lixeira, erva-cheirosa
Família *Verbenaceae*

As folhas coriáceas, duras e ásperas da arvoreta lhe renderam seu nome popular: lixa. Mas o grande atrativo da espécie é a florada que ocorre com as primeiras chuvas da primavera e deixa a copa completamente branca.

Pequenas, melíferas e perfumadas, as flores surgem em cachos compridos nas partes terminais dos ramos quando a árvore está praticamente caduca. Após a florada, as folhas voltam a brotar. Elas medem de 8 cm a 13 cm de comprimento por 5 cm a 7 cm de largura, são simples, ríspidas, serriadas nas bordas e apresentam a ponta acuminada. As folhas exalam um agradável aroma ao serem maceradas e são um dos ingredientes de óleos essenciais utilizados pelas indústrias de cosméticos e alimentícia.

Nativa da região Norte da Argentina e do Sul do Brasil, a arvoreta mede até 6 m de altura e seu tronco tem de 15 cm a 25 cm de diâmetro. Ela é bastante ramificada e apresenta galhos a partir de 1 m de altura do solo que se desdobram e formam uma copa ampla e vistosa. A madeira do tronco é dura e usada em caixotaria e artesanatos que não fiquem expostos às intempéries.

Por causa de seu caráter ornamental, a espécie é indicada para o paisagismo e arborização urbana. A propagação é por sementes que devem ser germinadas, sob meia-sombra, logo após a coleta. A taxa de germinação é alta e os primeiros brotos surgem em menos de um mês.

As flores brancas proporcionam um aspecto espetacular à arvoreta. Mas foram as folhas ásperas que renderam o apelido de lixa à espécie. Antigamente, a folhagem era utilizada para limpar panelas

Na época de seca, a árvore perde as folhas, o que permite apreciar o formato escultural do seu tronco e ramos avermelhados

Amburana cearensis

Cerejeira, cerejeira-do-norte, cumaru-do-ceará, cumaru-das-caatingas, imburana-de-cheiro, amburana-de-cheiro, cumaru-de-cheiro, cumaré

Família *Fabaceae*

A *Amburana cearensis* habita, principalmente, as caatingas do Nordeste. Mas também pode ser encontrada nas matas decíduas do Espírito Santo, de Minas Gerais, de São Paulo, de Goiás, do Tocantins, do Mato Grosso do Sul e do Mato Grosso, onde chega a medir 20 m de altura.

A árvore apresenta copa larga, tronco de 40 cm a 80 cm de diâmetro, sem espinhos – ao contrário da *Commiphora leptophloeos* – e folhas de até 15 cm de comprimento, compostas por 11 a 15 folíolos, de 1 cm ou 2 cm de comprimento, verde-escuros e arredondados. As flores, brancas ou amareladas, surgem de maio a junho, geralmente agrupadas em panículas.

Os frutos do tipo sâmara – com uma asa que permite que planem – medem cerca de 4,5 cm de comprimento e abrigam sementes achatadas de 1 cm, quase negras e ricas em cumarina – essência volátil e perfumada aproveitada pela indústrias de perfumaria. Assim como os frutos, as sementes apresentam uma espécie de asa que ajuda a ser dispersadas pelo vento.

Para multiplicar a planta, as sementes devem ser colocadas para germinar em tubetes ou canteiros sombreados, assim que colhidas. A emergência ocorre em até um mês e a taxa de germinação é muito boa. O desenvolvimento da muda é lento.

São duas as espécies nativas da caatinga conhecidas pelos nomes populares listados acima – a *Amburana cearensis* e a *Commiphora leptophloeos* –, o que provoca certa confusão. Mas, excluindo o tronco marrom-avermelhado, com ramos desde a base, as árvores apresentam diferenças bem marcantes.

O tronco de madeira durável e resistente e a casca utilizada para fins medicinais levaram ao corte excessivo da espécie, que está na lista de plantas ameaçadas de extinção

Anacardium giganteum
Cajuaçu, caju-da-mata, caju-bravo, caju-grande, cajuí

Família *Anacardiaceae*

O nome científico da espécie, *giganteum*, faz referência ao porte da árvore de até 35 m de altura e 1 m de diâmetro de tronco. Ela habita as matas altas, de terra firme, ou as várzeas da Floresta Amazônica e apresenta tronco retilíneo que proporciona madeira de qualidade, muito cobiçada por madeireiros clandestinos da região. Isso explica por que não é mais tão fácil encontrar a fruta, conhecida como cajuaçu ou cajuí, nas feiras e nos mercados das cidades. Quando a árvore é encontrada na Amazônia, seu tronco costuma estar recoberto por cipós, bromélias e outras espécies epífitas que se desenvolvem no calor, na sombra e na umidade.

As flores do caju-do-mato são pequenas, hermafroditas, levemente perfumadas e branco-esverdeadas. Mas, depois de polinizadas, ficam com coloração púrpura muito atrativa. Elas surgem em inflorescências, nas pontas dos ramos, entre agosto e outubro.

A frutificação se inicia em dezembro. Os frutos são achatados e totalmente vermelhos, de polpa agridoce, muito utilizada na produção de sucos que ficam com uma cor rosada muito bonita e são ricos em vitamina C. Apesar do tamanho avantajado da árvore, os frutos medem apenas 6 cm e as castanhas, cerca de 2,5 cm.

Os dispersores do cajuaçu são os morcegos, aves grandes e, principalmente, macacos que frequentam o dossel da floresta. Isso porque, se na primeira dentada notarem que as frutas estão verdes, os primatas descartam muitas delas. As sementes germinam em menos de 10 dias mas o desenvolvimento da espécie na floresta é demorado.

As frutas são coletadas pelos povos da florestas e vendidas ou trocadas por outras mercadorias nos regatões – barcos-venda que circulam pelos confins amazônicos

ÁRVORES NATIVAS DO BRASIL

A árvore, muito ramificada e de copa ampla, chega a medir 35 m de altura. Essa foi retratada no Rio Jari, AP

Anacardium occidentale
Caju

Família *Anacardiaceae*

Uma das frutas mais representativas do Brasil, o caju tem um aspecto curioso: na verdade, o que todos chamam de fruta – a parte carnosa de onde é extraído o suco – é somente uma haste inchada da planta, um pseudofruto. O fruto mesmo é o que chamamos de castanha.

O cajueiro é encontrado em todos os estados do Nordeste e do Norte, em diferentes tipos de bioma. Na Bahia, no Piauí, na Paraíba e no Maranhão, desenvolve-se próximo às praias, na zona da mata, na caatinga e no agreste. No Rio Grande do Norte, ele cresce nas dunas do litoral e no interior. Já o Ceará, maior exportador de castanha, abriga as grandes plantações.

A ampla dispersão da espécie faz com que a participação econômica e social da fruta no Nordeste seja grande. Além de ser utilizada na culinária e na medicina popular, ela serve de inspiração para artesãos, bordadeiras, pintores, escultores, músicos, escritores e outros tipos de artistas. Também denomina atos religiosos – como a Missa do Caju que acontece no Ceará –, cidades, logradouros, restaurantes, empresas e é até o sobrenome de famílias tradicionais. No Norte do Brasil, o caju também tem muita importância, porém não tanta quanto no Nordeste.

O cajueiro é uma árvore de 6 m a 12 m de altura, com ramos desde a base do tronco, mas pode ser podado para formar uma copa grande e proporcionar uma boa área de sombra. Suas folhas são grandes, oblongas, coriáceas e rosadas quando jovens. Já as flores, que podem ser femininas ou masculinas, são pequenas, brancas ou rosadas.

Existem outras duas espécies de caju: o cajuaçu ou cajuí (*Anacardium giganteum*), nativo da região amazônica e o cajuzonho-do-campo ou caju-anão (*Anacardium humile*), originário dos cerrados do Centro-Oeste e do Sudeste.

Uma curiosidade: o verdadeiro fruto é a castanha. A parte alaranjada é apenas um pseudofruto

Em Recife, PE, um cajueiro com cerca de 8 m de altura teve seus ramos podados para conviver com elementos urbanos (acima). Em João Pessoa, PB, a árvore foi podada para a copa ficar ampla e proporcionar sombra a um bar na beira da praia do Ponta do Seixas (abaixo)

Importante produto socioeconômico e cultural do Nordeste, a fruta dá nome a festas (Fortaleza, CE) e é até apelido de político (Recife, PE)

A árvore é uma das frutíferas mais estudadas do Nordeste. No Ceará, pesquisadores da Embrapa Agroindústria Tropical desenvolvem métodos para aumentar a produção da fruta. Um deles é a substituição da copa. A técnica consiste no corte da árvore adulta, com baixa produção, a cerca de 1 m de solo. Ela se regenerá em vários galhos. Cortam-se os mais fracos, deixando um ou dois mais fortes, que servirão de cavalo para o enxerto de plantas produtivas

ÁRVORES NATIVAS DO BRASIL

Encontrado em diferentes biomas de todo o Nordeste, o caju é uma das três frutas mais representativas do Brasil – as outras são o abacaxi e o guaraná. No Rio Grande do Norte ele habita tanto a caatinga da Serra do Mel (acima) quanto as dunas de Jenipabu (abaixo)

Anadenanthera colubrina

Angico-do-campo, angico-preto, angico-amarelo, angico-de-casca, angico-do-cerrado, angico--castanho, angico-de-banhado, angico-fava, angico-bravo, angico-manso

Família *Fabaceae*

Angico é o nome popular de dezenas de árvores brasileiras, espalhadas por diferentes biomas. Entre elas, a *Anadenanthera colubrina* é a de maior abrangência no território nacional. Ela pode ser encontrada das caatingas do Nordeste aos campos sulinos, passando pelos serrados do Sudeste e pelo Centro--Oeste. Na caatinga e no cerrado, a árvore atinge de 5 m a 15 m de altura. Em ambientes mais úmidos pode medir até 30 m. Seu tronco tem casca áspera, diâmetro variável e pode, ou não, apresentar espinhos e fissuras longitudinais. Quando é cortado, o tronco exsuda resina amarelada ou avermelhada.

A copa do angico-do-campo é ampla e com folhas verdes e pinadas, compostas por até 30 pares de folíolos, que caem em períodos de seca. As inflorescências são levemente perfumadas, brancas ou amareladas e parecem pequenos pompons. Elas brotam em grande quantidade nas pontas ou nas axilas dos ramos e proporcionam um belo espetáculo. Os frutos são vagens deiscentes, com até 32 cm de comprimento, e contêm de 8 a 15 sementes brilhantes, marrons ou negras, de 1 cm a 2 cm de diâmetro, que podem ser armazenadas por até 4 meses em câmeras frigoríficas.

Como o angico-do-campo está disperso pelo país, a época de floração e frutificação pode variar de uma região para outra. Mas, em geral, as flores surgem com as primeiras chuvas da primavera, e os frutos brotam de janeiro a março.

A espécie se reproduz por sementes colocadas para germinar na sombra ou meia-sombra. A taxa de germinação é alta e ocorre em até 15 dias. O desenvolvimento no campo é bastante rápido.

A florada branca é intensa e os frutos têm o formato de vagem. Em geral, a florada ocorre na primavera e a frutificação, no fim do verão

O angico-do-campo mede até 15 m de altura, é ornamental e pode ser cultivado em todas as regiões do país

Anadenanthera peregrina

Angico, angico-branco, angico-vermelho, angico-do-morro, angico-da-mata

Família *Fabaceae*

A árvore frondosa de 14 m a 24 m de altura é nativa, principalmente, das matas de transição para o cerrado das regiões Sul, Sudeste e Centro-Oeste até o Mato Grosso. Mas também é encontrada em certas regiões do Nordeste. Por causa de sua capacidade de regeneração na floresta ou no campo, é comum se concentrarem próximas umas das outras.

É uma espécie de tronco resistente, com até 80 cm de diâmetro, casca fina, super-rugosa e rica em tanino. Suas folhas são compostas por 30 a 40 pares de pinas e formam uma copa densa e ampla. Em condições parecidas com as do seu hábitat, o angico floresce intensamente na primavera, com a árvore desprovida de folhas, e fica muito ornamental. As inflorescências são brancas, terminais ou axilares, levemente perfumadas e atraem abelhas, que colaboram para sua polinização.

Os frutos deiscentes são do tipo vagem, com 12 cm a 22 cm de comprimento, e marcados pelas formas arredondadas das sementes marrom-escuras, quase negras, e brilhantes. Para multiplicar a planta, as sementes devem ser colhidas e colocadas para germinar sob sol pleno ou meia-sombra. A ocorrência ocorre em até duas semanas e a taxa de germinação é alta.

Rústica, fácil de propagar e ornamental, a árvore é indicada para o paisagismo de grandes espaços.

O tronco rugoso e as flores que encobrem quase toda a copa proporcionam um aspecto ornamental à árvore

Como se propagarem com facilidade, é comum encontrar os angicos reunidos em matas de transição para o cerrado, como esta de Olinda, PE

A

Andira anthelmia

Angelim-de-morcego, angelim-amargoso, angelim-do-campo, angelim-vermelho, angelim-coco, angelim-de-folha-grande, angelim-macho, angelim-doce, angelim-rosa, jacarandá-de-lombriga, pau-de-morcego, morcegueira e mata-barata

Família *Fabaceae*

A lista de nomes populares desta espécie é enorme porque pode ser encontrada do Nordeste ao Sul do Brasil. Entre os apelidos, o mais comum é angelim-de-morcego, isso porque seus frutos são os preferidos do mamífero noturno, maior responsável pela propagação da planta. O nome científico também faz referência ao bicho: andira, em tupi-guarani, significa morcego.

Resistente, a árvore pode habitar serrados, matas ciliares, vegetações secundárias e floresta de Mata Atlântica. O porte varia conforme o hábitat, mas em geral a espécie mede cerca de 20 m de altura e tem tronco de 50 cm de diâmetro, copa larga e densa, com folhagem quase encostando no chão. Suas folhas são imparapinadas, alternadas e compostas de 7 a 15 folíolos coriáceos, oblongos, com cerca de 8 cm de comprimento por 3 cm de largura e de ápice acuminado. Elas são prateadas e com uma leve penugem na parte inferior.

As flores surgem em panículas terminais ou axilares com tamanhos variados – de 18 cm a 24 cm. Elas são hermafroditas, róseo-avermelhadas, levemente perfumadas e com formato que lembra o da flor do feijão. Os frutos são drupas – com uma semente única no centro, envolvida por polpa –, ovoides, de 4 cm e verde-escuros quando maduros. E a semente bege, dura, fibrosa, mede um pouco mais de 2 cm e, quando plantadas, germina em até 40 dias. O desenvolvimento é relativamente lento. No Sul e Sudeste o angelim-de-morcego floresce entre setembro e novembro e os frutos amadurecem de março a maio.

A *Andira fraxinifolia* apresenta as mesmas características da *Andira anthelmia*, mas pode perder as folhas na estação seca, principalmente nos cerrados. Com as primeiras chuvas, a folhagem rebrota em tom rosa-avermelhado.

A árvore de copa ampla é comum no Brasil e perde as folhas na estação seca. Com as primeiras chuvas da primavera elas rebrotam rosa-avermelhadas

A espécie foi amplamente explorada para produção de perfume. Para que não fosse extinta, foram criadas reservas de pau-rosa. É o caso da Reserva Ducke, em Manaus, AM

Aniba rosaeodora var. amazonica
Pau-rosa
Família *Lauraceae*

Quando lascas do tronco da árvore são retiradas, um magnífico perfume se espalha e persiste no ar. A fragrância é tão agradável que, no decorrer do século 20, inúmeros paus-rosa foram derrubados para produzir o óleo essencial de diversos perfumes, entre eles o famoso Chanel Nº 5, de origem francesa. Isso levou a uma redução significativa do número de exemplares da espécie no seu hábitat: a área central da Floresta Amazônica. Para proteger os paus-rosa remanescentes, a extração foi regulamentada pelo Instituto Brasileiro do Meio Ambiente e dos Recursos Naturais Renováveis (IBAMA) e o Instituto Chico Mendes de Conservação da Biodiversidade (ICMBio) criou a Flona de Pau-Rosa (Floresta Nacional de Pau-Rosa), no município de Itacoatiara, a 267 km de Manaus.

A árvore, de 20 m a 30 m de altura, apresenta tronco com 40 cm a 70 cm de diâmetro, de casca cinza-escura que descama em placas grandes. Tem uma copa elegante, formada por folhas, de 7 cm a 20 cm de comprimento, coriáceas, simples, alternadas, duras, brilhantes na parte superior e de pecíolo longo.

As inflorescências surgem de maio a junho, na parte terminal dos ramos, e são formadas por pequenas flores amareladas ou esbranquiçadas, aromáticas, hermafroditas e muito procuradas por abelhas e outros insetos. Os frutos medem cerca de 2,5 cm x 1,5 cm, são ovoides e ficam roxo-escuros quando amadurecem em setembro ou outubro, dependendo da região. Os frutos devem ser enterrados junto com as sementes, sob meia-sombra, logo após serem colhidos. Com regas diárias, a maioria germina em aproximadamente um mês. O crescimento é rápido.

Hoje, o óleo essencial é extraído, de forma controlada, das folhas a partir dos 4 anos de idade da árvore.

O óleo essencial da árvore é um dos componentes do perfume Chanel Nº 5

Apeiba tibourbou
Pau-de-jangada, jangadeira, pente-de-macaco, escova-de-macaco, embira-branca
Família *Malvaceae*

Não tem como falar desta árvore sem falar de jangadas. Em virtude da sua madeira leve, pouco depois do descobrimento do Brasil, em 1587, a espécie já era mencionada como apropriada para a confecção de pequenas embarcações no *Tratado Descritivo do Brasil*, do cronista português Gabriel Soares de Souza.

A espécie é nativa da região amazônica e, principalmente, do Nordeste, onde jangadas feitas do seu tronco foram comuns durante décadas e se transformaram em cartões-postais de várias cidades. Hoje, devido à ocupação imobiliária desenfreada e ao desenvolvimento dos canaviais e dos coqueirais, é difícil encontrar um exemplar da espécie em seu hábitat e, consequentemente, as tradicionais jangadas sumiram. As últimas foram vistas na praia de Boa Viagem, em Recife, na década de 1980.

Com copa densa, que proporciona uma boa área sombreada, a árvore é elegante e cresce rapidamente. Ela atinge até 20 m de altura e tem tronco cinza, retilíneo ou ramificado, de 40 cm a 80 cm de diâmetro. Antigamente, a casca do tronco era retirada para fazer cordas, o que gerou outro dos nomes populares da planta: embira-branca. Sendo que embira, em tupi, é fibra.

A espécie também é conhecida como escova-de-macaco pela aparência instigante dos seus frutos. Eles são capsulares, arredondados e recobertos por falsos espinhos grandes. De início, os frutos são verdes, mas eles se tornam amarelados e depois marrons à medida que amadurecem, de setembro a novembro. Já as flores são muito atrativas. Elas surgem de janeiro a março, isoladas ou em grupo, nos ramos terminais da copa e são estrelares e amarelas como ovo. As folhas são simples, grandes, ásperas, com nervuras aparentes e medem de 25 cm a 30 cm de comprimento, por 14 cm a 16 cm de largura.

Como se trata de uma espécie indeiscente – seus frutos não se abrem naturalmente –, as sementes pretas que ficam aglutinadas em uma massa no centro do fruto precisam ser coletadas e, logo em seguida, plantadas na sombra. Poucas germinam. Quando isso acontece o desenvolvimento é rápido.

Espécies adultas, como a do Jardim Botânico do Instituto Agronômico de Campinas, SP, proporcionam uma boa sombra

A espécie ficou conhecida como pau-de-jangada por apresentar madeira leve, perfeita para a produção de pequenas embarcações. No Nordeste, as jangadas confeccionadas com seu tronco eram comuns até a década de 1980. Época em que a foto da Praia de Boa Viagem, em Recife, PE, foi clicada

As folhas medem até 30 cm, as flores amarelas e estrelares são muito atrativas. Já os frutos, de aparência inusitada, parecem ouriços

As sementes da árvore, chamadas de pinhão, são utilizadas em dezenas de receitas. Elas caem das árvores de maio a julho. Por isso, a especiaria é comum em festas juninas

As pinhas globosas nascem nos exemplares femininos, os estróbilos alongados, nos masculinos

Araucaria angustifolia
Araucária, pinheiro, pinhão, pinheiro-do-paraná

Família *Araucariaceae*

Símbolo do Estado do Paraná, outrora a espécie habitava a faixa contínua de matas de araucária, ou Floresta Ombrófila Mista, do Sul de Minas Gerais ao norte do Rio Grande do Sul. Hoje, é encontrada em grande quantidade apenas no Parque Nacional das Araucárias, localizado no oeste de Santa Catarina, e na Mata das Araucárias, que fica no Parque Nacional Aparados da Serra, na divisa dos Estados do Rio Grande do Sul e de Santa Catarina. Em menor quantidade, é possível vê-las em matas remanescentes do Sul ao Sudeste, até a Serra da Mantiqueira, em Minas Gerais.

Árvore com até 50 m de altura, a araucária tem um formato escultural. Ela é esguia, com galhos que crescem horizontalmente e se curvam na extremidade, local onde surgem as folhas acículas – parecidas com agulhas. O tronco mede, em média, 80 cm de diâmetro mas já foram registrados exemplares com tronco de 2,50 m. Trata-se de uma espécie gimnosperma, quer dizer, com frutos não carnosos, masculinos e femininos, em exemplares distintos. As árvores masculinas apresentam estróbilos alongados que produzem pólen e as femininas têm pinhas globosas, com até 30 cm de diâmetro, formada por até 150 pinhões (sementes), que caem naturalmente e são comestíveis. As sementes amadurecem entre maio e julho, daí, elas serem tradicionais em festas juninas.

Para o cultivo da araucária, recomenda-se utilizar sementes frescas e plantar sob sol pleno, apenas com a ponta mais fina enterrada no solo. É nessa parte que se desenvolve o sistema radicular da planta. A emergência ocorre rapidamente e a taxa de germinação é alta.

A espécie é comum na Serra da Mantiqueira, MG

As folhas do pinheiro-do-paraná são acículas – similares a agulhas –, e os frutos carnosos são chamados de pinhas

Em diversas cidades da serra catarinense ocorre a sapecada, tradição que consiste em preparar o pinhão sob folhas secas, em chamas, da própria auracária

Uma dica para saber se os pinhões estão bons para o consumo é colocá-los na água. Os que boiarem podem ser descartados

A árvore escultural de até 50 m de altura é símbolo do Estado do Paraná e do Sul do Brasil. Ela já foi amplamente explorada pela construção civil e indústria moveleira. Hoje sua extração é regulamentada

Aspidosperma carapanauba

Carapanaúba, carapanaúba-amarela, cabo-de-machado, peroba-de-gomo, peroba-de-rego, quina-de-rego, quina-quina, canela-de-velho, cabo-de-machado

Família *Apocynaceae*

A espécie possui tronco retilíneo e sulcado no sentido vertical. A água se acumula nessas fissuras e o ambiente se torna ideal para a proliferação de insetos, inclusive o mosquito carapanã, muito comum na região amazônica. Por isso o povo da região apelidou a espécie de carapanaúba (uba – madeira; carapanã – o nome do mosquito).

Trata-se de uma espécie de grande porte, de 15 m a 25 m de altura, com tronco de 40 cm a 60 cm, e copa densa, larga, formada por ramos finos, pintalgados de branco. As folhas são simples, com 5 cm a 8 cm de comprimento por até 4 cm de largura, coriáceas, lisas e amareladas na face superior e com uma fina penugem na face inferior. O pecíolo é longo.

As flores se formam em cimeiras densas na parte terminal dos ramos. Elas são pequenas, branca-esverdeadas, aveludadas, levemente perfumadas e atraem abelhas que colaboram na polinização. A florada ocorre em setembro e os frutos já podem ser apreciados em novembro ou dezembro. Eles são arredondados, achatados e, quando ainda estão verdes, ficam recobertos por espinhos maleáveis. Quando maduros, os frutos ficam marrons, com a casca grossa e com acúleos menos acentuados. As sementes são aladas, o que permite que plainem até longas distâncias, fenômeno conhecido como dispersão por anemocoria.

Além da Amazônia, a carapanaúba pode ser encontrada na Mata Atlântica do Pernambuco à Bahia, de Minas Gerais e de Goiás. Mas, nesses estados, fica com o porte reduzido e os sulcos do tronco não são tão evidentes.

Pelo aspecto interessante e bonito do tronco, a árvore devia ser presença constante em jardins botânicos, reservas e parques pelo Brasil afora. Mas é difícil vê-la fora do seu hábitat. Na floresta, sua regeneração é relativamente baixa, assim como a taxa de germinação das sementes. Quando elas brotam, a árvore se desenvolve rapidamente.

Lâminas da madeira da carapanaúba formam as paredes laterais da igreja matriz de Monte Dourado, no Pará. Além de um design espetacular, o ambiente ganhou um eficiente sistema natural de iluminação e circulação de ar

Em Monte Dourado, PA, a espécie chega a medir 30 m de altura. Os amazonidas utilizam seus frutos para fins medicinais, inclusive para tratar a malária, doença comum na floresta

Aspidosperma polyneuron

Peroba, peroba-rosa, peroba-açu, perba-mirim, peroba-paulista, peroba-miuda

Família *Apocynaceae*

A peroba habita florestas latifoliadas, pluviais, primárias e secundárias de quase todas as regiões do Brasil. No Sudeste e Centro-Oeste, ela foi amplamente explorada pela qualidade da sua madeira. Mas ganhou fama devido ao óleo extraído do seu tronco e utilizado para dar brilho à movelaria. O resultado do produto é tão garantido, que inspirou um ditado popular, "óleo de peroba nele", falado para pessoas sem vergonha: os famosos cara de pau.

A árvore de 20 m a 30 m de altura tem tronco reto, com 1 m de diâmetro, que se ramifica a partir de 1 m ou 2 m do solo. Muito bonito, o tronco tem casca grossa, cinza-escura e fissurada. A copa cresce formando um aspecto piramidal ao redor do tronco e apresenta folhagem densa e permanente. As folhas são simples, alternas, brilhantes e cinza-claras na parte inferior, com até 8 cm de comprimento por 4 cm de largura.

As flores surgem na parte terminal do ramos, são

As perobas do Jardim Botânico do Instituto Agronômico de Campinas, interior de São Paulo, medem cerca de 20 m de altura e são um belo exemplo de como a espécie é escultural

hermafroditas e não têm efeito ornamental. Elas apresentam cinco pétalas bem pequenas – cerca de 5 mm – e amareladas ou esverdeadas. Já os frutos, do tipo folicular, são castanhos, com pequenos pontos brancos e medem aproximadamente 6 cm de comprimento. Eles se abrem espontaneamente, soltando sementes aladas de mesmo formato que são dispersadas pelo vento, para longe da planta mãe. Por ser muito disseminada no Brasil, a época de floração e frutificação varia conforme a região. No Sudeste, a florada se inicia na primavera ou com as primeiras chuvas, e os frutos surgem a partir de julho ou agosto.

A peroba se regenera relativamente fácil. As sementes também têm uma alta taxa de germinação, 70%. Elas devem ser plantadas em tubetes, em outros tipos de recipiente ou diretamente no canteiro, sob meia-sombra, logo após serem colhidas, e brotam em menos de um mês. Também é possível multiplicar a planta por estaquia. Em ambos os casos, as mudas crescem rapidamente.

Silvestre Silva 37

Aspidosperma pyrifolium
Pereiro, pereiro-branco, pau-pereiro, pereiro-de-saia

Família *Apocynaceae*

Típica representante da caatinga, a espécie é muito ornamental. Atinge até 8 m de altura e, como a maioria das árvores típicas do sertão, perde as folhas na época de seca para poupar energia. Depois, com as primeiras chuvas da primavera, floresce intensamente enquanto folhas novas brotam. É uma das primeiras floradas da caatinga.

As inflorescências surgem nas pontas dos ramos, de outubro a novembro, e são compostas por até 15 pequenas flores brancas, melíferas e muito perfumadas, principalmente à noite. Os frutos surgem em seguida e são lenhosos. Abrem-se naturalmente quando maduros, expondo sementes achatadas, de 5 cm e 7 cm de comprimento, que são levadas pelos ventos ou dispersadas por aves e animais. As sementes suportam ficar no solo por um longo tempo, mesmo quando a terra está seca e a taxa de germinação é de aproximadamente 50%. A emergência ocorre em aproximadamente um mês.

Em geral, o pereiro é encontrado em terrenos argilosos, na meia encosta de tabuleiro ou junto às áreas rochosas e pedregosas. Ele pode apresentar um tronco reto ou vários troncos e, assim como as outras espécies da família, é rico em látex. Sua madeira moderadamente pesada é macia, durável e fácil de trabalhar. Bastante ramificada, a árvore apresenta folhas simples, pilosas e alternas, com de 3 cm a 6 cm. Elas são usadas pelos sertanejos para fins medicinais.

A florada branca encobre a copa quando folhas novas ainda estão brotando. É o que ocorre com este pereiro retratado em Curaçá, BA

Silvestre Silva

B

Entre julho e setembro, os frutos secam, caem e liberam sementes quase negras

Em virtude da boa germinação das sementes, é possível observar mudas em diferentes estágios uma ao lado da outra na mata

As flores têm pétalas com 9 cm de comprimento, são perfumadas, brancas ou amareladas

Bauhinia forficata

Pata-de-vaca-de-espinho, casco-de-vaca, pata-de-boi, unha-de-vaca, pata-de-vaca

Família *Fabaceae*

Esta é a única pata-de-vaca nativa do Brasil. É também a única cujas folhas são utilizadas para fins medicinais. A diferença entre ela e as demais patas-de-vaca são os espinhos pequenos e pontiagudos que apresenta nos ramos e o formato das flores.

Amplamente distribuída pela América do Sul, a pata-de-vaca-de-espinho pode ser encontrada no Brasil, do Ceará até o Rio Grande do Sul, na Bolívia, no Paraguai e no Peru. Trata-se de uma espécie pioneira – por ser resistente, inicia a colonização de uma área –, com comportamento variável. Em matas abertas, geralmente tem porte arbustivo. Mas, em florestas e formações ciliares, chega a medir 12 m de altura e ter tronco com 30 cm de diâmetro. Independentemente disso, em períodos de seca, a árvore perde suas folhas coriáceas, com 10 cm de comprimento por 6 cm de largura.

A florada ocorre no início da primavera, é duradoura e muito bonita. As flores têm pétalas de 9 cm de comprimento, são levemente amareladas e perfumadas. Elas apresentam cerca de 10 estames longos e são polinizadas, principalmente, por morcegos e beija-flores – o que também difere a planta das demais patas-de-vaca. Os frutos são vagens com cerca de 20 cm de comprimento por 2,5 cm de largura, com 10 a 15 sementes redondas, pequenas e de coloração escura, quase negra. Ao se abrirem, entre julho e setembro, os frutos liberam as sementes que germinam facilmente no solo.

Por causa do porte, da beleza das flores e até da disposição das vagens pendentes nos ramos, a pata-de-vaca-de-espinho é muito indicada para paisagismo. A propagação é feita por sementes plantadas em canteiros ou outro recipiente logo após serem colhidas. A emergência ocorre em menos de 1 mês. O crescimento no campo é rápido.

As vagens de cerca de 20 cm contêm de 10 a 15 sementes e amadurecem entre julho e setembro

Bertholletia excelsa
Castanha-do-brasil, castanha-do-pará, castanheira, castanha-verdadeira
Família *Lecythidaceae*

A árvore ficou conhecida no Brasil e no mundo como castanha-do-pará. Nome que muitas pessoas acham injusto já que a espécie também é encontrada e explorada em toda a Amazônia, inclusive na parte localizada em países vizinhos: Bolívia, Colômbia, Equador, Guiana, Guiana Francesa, Venezuela e Peru. Assim, ela foi oficialmente designada castanha-do-brasil.

Por gerar sustento econômico há séculos, a espécie é uma das grandes responsáveis pela fixação do homem em áreas, na maioria das vezes, localizadas próximas a rios e igarapés da Floresta Amazônia, onde é possível encontrá-la em grande quantidade em agrupamentos, também chamados de bolas. A proximidade com os leitos de rio facilita muito o transporte das castanhas depois de serem colhidas.

A coleta é feita entre dezembro e junho, época de chuvas, de forma tradicional: com a utilização de um cambito – pedaço de pau com a ponta lascada para que se encaixe nos ouriços espalhados pelo chão – e de um jamaxi – cesto enorme acomodado nas costas onde são colocados, um a um, os ouriços da castanha-do-brasil. O trabalho começa no raiar do dia até por volta das 10 horas da manhã. Após esse horário o sol quente derruba os frutos e torna o serviço perigoso, já que os ouriços pesam de 0,5 kg a 1,5 kg. Depois de coletados, os ouriços são cortados com o terçado – facão –, para as castanhas serem retiradas e levadas, no jamaxi, para a beira do rio ou igarapé, onde acontece o transporte para a comercialização.

As castanheiras costumam ser árvores centenárias de mais de 50 m de altura, copa larga e densa e tronco de 2 m de diâmetro. Suas folhas são simples, grandes, com até 35 cm de comprimento, e ficam dispostas alternadas em galhos finos e pendentes, o que propicia um bonito visual à espécie. As flores, com seis pétalas e amareladas, são hermafroditas e polinizadas por abelhas *Xylocopa*, conhecidas como mamangavas. Por serem carnudas, as flores fazem parte da alimentação de diversos animais da floresta, inclusive macacos e aves que as colhem diretamente da copa.

Os frutos, de onde são retiradas as sementes, são colhidos do chão com um cambito. Como faz o amapaense, à esquerda, na beira do Rio Iratapuru

42 ÁRVORES NATIVAS DO BRASIL

As castanheiras chegam a medir mais de 50 m de altura e são ornamentais. Um belo exemplo é esta retratada em Autazes, AM

Na floresta localizada em Almeirim, PA, não é raro ver o tronco e os ramos da árvore encobertos por plantas epífitas como as samambaias

Pendentes e com até 30 cm de comprimento, as folhas proporcionam à árvore um aspecto muito bonito

As flores carnuadas da castanha-do-brasil fazem parte da dieta de diversos animais, entre eles, os macacos

O ciclo florada e frutificação demora cerca de um ano. Assim, é frequente encontrar no solo, ao mesmo tempo, frutos maduros, pétalas de flores e novas mudas

A maior propagadora da castanha-do-brasil é a cotia. Ela enterra as sementes para comer depois e, muitas vezes, esquece onde as deixou

As flores da famosa arvoreta são róseas e delicadas. Os frutos arredondados e encobertos por espinhos maleáveis variam de vermelho intenso a marrom-avermelhado conforme a região onde se desenvolvem

Bixa orellana
Urucum, colorau, urucuzeiro

Família *Bixaceae*

Em 1500, quando o Brasil foi descoberto, Pero Vaz de Caminha, o escrivão da armada de Pedro Álvares de Cabral, chamou as frutas dessa árvore de "ouro vermelho", em carta enviada a Dom Manoel, rei de Portugal na época. Mas a espécie já era conhecida pelos povos nativos do Brasil, de outros países da América do Sul e do México, que utilizavam a planta principalmente como tinta em pinturas corporais e artesanatos.

Árvoreta formosa, de pequeno porte, o urucum mede de 3 m a 5 m de altura, pode ramificar desde a base e apresenta copa densa e ampla, o que proporciona uma boa área sombreada. Também pode ser cultivada como arbusto. Essas características, aliadas à rusticidade da espécie, fazem com que a planta seja utilizada no paisagismo de espaços urbanos, como praças e canteiros de avenidas e ruas.

Na região amazônica, de onde é nativo, o urucum floresce e frutifica quase o ano todo. Tanto, que é comum encontrá-lo com flores e frutos maduros em uma mesma época. Nas outras regiões do Brasil, o período de floração e frutificação varia bastante.

As flores são grandes, hermafroditas, com numerosos estames, de coloração branco-rósea, formadas em panículas terminais. Elas atraem mamangavas e outras abelhas que colaboram na polinização. Já os frutos são cápsulas deiscentes com formato oval, com entre 5 cm a 7 cm de comprimento por até 4,5 cm de largura, recobertos por espinhos maleáveis. Quando maduros, eles adquirem coloração que vai do vermelho intenso ao marrom-claro, conforme o clima e a insolação do local. As sementes são vermelhas ou alaranjadas, com razoável quantidade de vitamina C.

As folhas da planta são simples, alternas, cordiformes, acuminadas, com 5 cm a 20 cm de largura por entre 5 cm a 15 cm de comprimento. O pecíolo é longo. A espécie se propaga por sementes, estaquia e enxertia. A emergência ocorre em menos de um mês e a taxa de germinação passa dos 50%. O desenvolvimento no campo é rápido.

Os frutos da árvore de até 5 m de altura surgem o ano todo

O urucum é uma fruta economicamente importante no Brasil. Sua cultura ocupa mais de 6 mil hectares do país, o que gera uma produção em torno de 12 mil toneladas/ano de sementes. Números que fazem do Brasil o maior exportador de corantes elaborados com a planta. A fruta tem duas substâncias corantes, a orelina é amarela e a bixina, vermelha

Bombacopsis glabra
Castanha-do-maranhão, castanha, mamorana, cacau-do-maranhão, amendoim-de-arvore

Família *Malvaceae*

Umas das características das espécies da antiga família da *Bombacadeae*, hoje incluída na família da *Malvaceae*, é a rápida regeneração da planta e germinação das sementes. Prova disso são as sementes brotando ainda dentro dos frutos que caíram e as mudas de tamanhos diferentes que se desenvolvem uma ao lado da outra no interior da floresta.

A árvore tem vasta ocorrência no Brasil, principalmente no estado do Maranhão, mas é encontrada na faixa litorânea que segue do Nordeste até o Rio de Janeiro. Também é nativa de áreas próximas a rios, igarapés e brejos da região amazônica.

É uma espécie de 3 m a 6 m de altura, de tronco com estrias fotossintéticas, de coloração verde brilhante e folhas compostas, digitadas – que lembram a palma de uma mão –, com entre 5 cm e 7 folíolos. Suas flores são brancas, com estames longos, andróginas e nascem solitárias ou em grupo. O fruto, uma cápsula alongada de coloração verde e marrom-terra, quando maduro, abre-se naturalmente, expondo cerca de 20 sementes com alto teor de óleo – cerca de 46% – e comestíves. Elas são consumidas *in natura* ou torradas como o amendoim. Recomenda-se, apenas, fazer um pequeno corte nas sementes antes de levá-las ao forno para que não estourem feito pipoca.

A época de floração e frutificação varia conforme a região. No Sudeste brasileiro a florada ocorre de setembro a novembro e a frutificação a partir de janeiro.

A germinação da árvore é muito rápida, assim como seu desenvolvimento. Também é possível multiplicá-la por estaquia.

O tronco esverdeado, a folhagem grande e os frutos alongados são as principais atrações da espécie no paisagismo

A árvore versátil pode ser cultivada como bonsai e até cerca viva

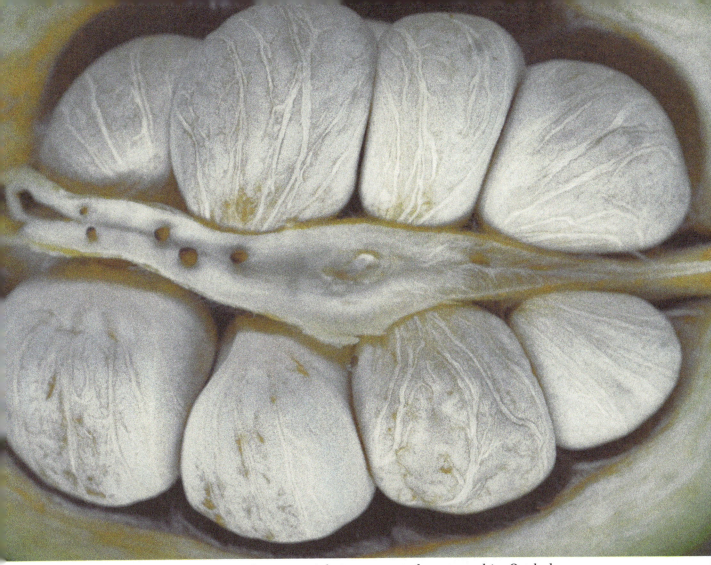

Os frutos alongados apresentam até 20 sementes saborosas, apreciadas *in natura* ou torradas como amendoim. O poder de germinação das sementes é tão alto que, na floresta, elas brotam ainda dentro dos frutos maduros que caíram naturalmente da árvore

A árvore de cerca de 30 m de altura retratada em Monte Dourado, PA

O tronco da árvore de grande porte tem a textura de um sapo

Bowdichia nitida

Sucupira-amarela, sucupira, sucupira-da-mata, sucupira-de-terra-firme, sicupira, cutiúba, sapupira, sucupira-preta, sucupira-pele-de-sapo

Família *Fabaceae*

A sucupira é uma árvore de grande porte comum na Amazônia. Ela habita as terras firmes, principalmente de florestas primárias e tem tempo de vida longo. Mas a florada e a frutificação não ocorrem todos os anos, o que é comum entre as espécies dessa região.

A sucupira-amarela mede até 30 m de altura, tem copa densa e tronco entre 50 cm e 80 cm de diâmetro, de casca marrom-escura com textura parecida com a de um sapo. Daí, outro de seus nomes populares ser sucupira-pele-de-sapo. A madeira é dura, resistente a ataques de fungos e cupins, por isso é própria para uso em construções, móveis e assoalhos.

Quando começam as primeiras chuvas da primavera, a espécie recupera as folhas que perdeu durante o outono e inverno. As flores são lilás-azuladas e se formam em panículas na parte terminal dos ramos, de maio a agosto, dependendo da região. Os frutos são leguminosos, de tamanho variável e com sementes pequenas, arredondadas e marrom-claras, que são dispersas pelo vento. Já foi constatado que poucas sementes germinam na floresta e que elas demoram muito para brotar fora do seu hábitat. Por isso, não é de estranhar que ela conste como vulnerável na lista de espécies ameaçadas de extinção.

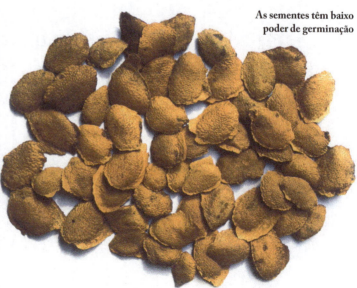

As sementes têm baixo poder de germinação

52 ◼ ÁRVORES NATIVAS DO BRASIL

Bowdichia virgilioides

Sucupira-preta, sucupira, sucupira-do-cerrado, sucupira-açu, sucupira-do-campo, catiubeira, sucupira-roxa, catiuba, sapurira, sepipira, sepopira, paraçana

Família *Fabaceae*

Os frutos em forma de vagem são cor de vinho

Nativa das áreas de cerrados e savanas de praticamente todo o Brasil – exceto a região Sul –, a árvore apresenta dezenas de nomes populares. Em Minas Gerais e Goiás, onde é encontrada em maior quantidade, ficou conhecida como sucupira-preta pela coloração do seu tronco, dos ramos e dos galhos.

É uma espécie ornamental de 8 m a 16 m de altura, com tronco curto, grosso – de 30 cm a 50 cm de diâmetro – bastante ramificado. A copa é larga, densa, vistosa e proporciona uma boa área de sombra. As folhas, alternas, são compostas de 4 a 9 pares de folíolos e caem na época de seca. Mas se regeneram, ao mesmo tempo que ocorre a florada, de julho a setembro.

As flores surgem em grande quantidade, encobrindo a copa com um tom roseo-arroxeado ou lilás quando os campos ainda estão secos, o que aumenta ainda mais seu efeito visual. Elas são pequenas, com menos de 1 cm de comprimento, mas se reúnem em grupos de cem na forma de panícula e são levemente perfumadas. Os frutos são vagens achatadas que se abrem naturalmente após amadurecerem ou com o calor. Eles medem de 5 cm a 7 cm de comprimento e são cor de vinho. As sementes são pequenas, de 3 mm a 5 mm de comprimento, castanho-avermelhadas, achatadas, brilhantes e dispersadas, principalmente, pelo vento.

Fora do hábitat da espécie, as sementes podem ser armazenadas em local seco e sombreado por até 4 meses. A taxa de germinação é baixa e, quando ocorre, demora até dois meses. O crescimento é lento.

A árvore fotografada em Planaltina, DF, mostra a copa arredondada e a florada espetacular da espécie

B

No Jardim Botânico do Rio de Janeiro é possível observar as folhas pendentes e coloridas quando novas, da espécie

Brownea grandiceps
Rosa-da-mata, rosa-da-montanha, braúnia, rosa-da-venezuela

Família *Fabaceae*

A espécie nativa da Amazônia é muito ornamental. Praticamente o ano todo, é possível observar suas flores grandes e avermelhadas reunidas em inflorescências globosas, principalmente, nas pontas dos ramos. Na Floresta Amazônica, de setembro a novembro, época da florada mais intensa, a copa da espécie fica tão enfeitada que é possível avistá-la de longe, mesmo em meio a tantas árvores.

As flores da rosa-da-mata são ricas em néctar e atraem abelhas e pássaros, responsáveis pela polinização. Os frutos, no formato de vagens, medem até 7 cm de comprimento, são aveludados e passam da cor verde para a marrom-escura à medida que amadurecem, de dezembro a fevereiro. As sementes são castanho-amareladas, achatadas ou ovaladas. Já as folhas, quando jovens, são pendentes, rosa-arroxeadas, com pintas brancas, o que acrescenta ainda mais beleza à espécie. As folhas têm de 4 a 16 pares de folíolos e medem até 58 cm de comprimento.

Nativa das matas primárias e densas, do norte da região amazônica, a árvore atinge de 6 m a 8 m de altura e apresenta tronco de cor escura, com até 30 cm de diâmetro. As sementes devem ser plantadas logo após a coleta e germinam em cerca de dois meses. O desenvolvimento das mudas é bastante lento.

O nome da espécie, *grandiceps*, faz referência às grandes flores. Já o termo *Brownea* é homenagem ao médico e naturalista irlandês Patrick Browne (1720-1790).

As inflorescências vermelha-brilhantes e globosas surgem o ano inteiro, principalmente no verão. O botão floral grande também é bonito

Existem diversas espécies de murici. A *Byrsonima crassifolia* – abaixo, retratada em Igarassu, PE – é a mais encontrada pelo Brasil. Todas apresentam frutos pequenos, globosos e amarelos quando maduros, de sabor adocicado

As flores surgem no verão, em panículas formadas na ponta dos ramos

As sementes ornamentais são usadas na criação de biojoias.
As folhas são pilosas e cor de ferrugem na parte inferior

Byrsonima crassifolia/ Byrsonima verbascifolia

Murici, muruci, murici-do-campo, murici-do-cerrado, murici-da-praia, murici-da-restinga

Família *Malpighiaceae*

O murici pode ser encontrado em praticamente todo o Brasil, em diferentes ecossistemas: dos cerrados do Sudeste e Centro-Oeste, às caatingas e savanas amazônicas. O porte e a forma da árvore variam conforme o ambiente. No cerrado, ela é tortuosa com folhas largas, pilosas e grandes. Nas matas ciliares, ralas, e em campo aberto, é bastante ramificada, com copa piramidal e folhas menores e coriáceas.

Apesar de serem consideradas espécies diferentes, todas as árvores apresentam frutos comestíveis de mesmo sabor. O murici mais comum é o *Byrsonima crassifolia*, uma árvore de 2 m a 10 m de altura, tronco de 15 cm a 25 cm de diâmetro e copa rala, de formatos variados. Suas folhas são opostas, simples e medem de 5 cm a 15 cm de comprimento por de 3 cm a 7 cm de largura. Elas são verdes e lisas na parte superior e em tom de ferrugem, com leve pilosidade, na parte inferior. As flores surgem, de setembro a novembro, isoladas ou agrupadas em rancemos terminais e são pequenas, amarelas e muito delicadas.

Os frutos do murici surgem de janeiro a março e são pequenos, globosos e amarelos quando maduros. Sua polpa também é amarelada e tem um gosto bem particular que agrada uns e desagrada outros. Na região dos cerrados e na Amazônia, a polpa da fruta é muito utilizada na culinária, e os caroços – de um a três em cada fruto – são utilizados na produção de biojoias, dado seu desenho particular.

A árvore se multiplica por sementes e enxertia (mais recomendado), e seu crescimento é lento.

Em virtude da ampla distribuição da espécie e da versatilidade dos seus frutos, o murici é sobrenome de famílias, nome de cidades, vilas, condomínios, avenidas, ruas, casas de comércio, empresas, fazendas, animais de estimação e até ditado popular: "Em tempo de murici, cada um que cuide de si".

Silvestre Silva

A *Byrsonima coccolobifolia* retratada no cerrado de Paraopeba, MG, tem folhas grandes, com flores e nervuras cor-de-rosa, muito bonitas

58 ■ ÁRVORES NATIVAS DO BRASIL

Outras espécies de muricis comuns na região amazônica são a *Byrsonima crispa* (retratada acima em Mazagão Velhão, AP), a *Byrsonima lancifolia* e a *Byrsonima verbascifolia* (abaixo, respectivamente). Todas têm frutos de sabor e aroma doce e flores amareladas

Cabralea canjerana
Canjerana, cangerana, canharana, cacharana, cajarana-do-litoral

Família *Meliaceae*

Esta árvore de grande porte atinge até 30 m de altura e mais de 1,2 m de diâmetro de tronco nas matas fechadas da Floresta Atlântica da Paraíba até o Rio Grande do Sul. Mas ela também é encontrada, em menor quantidade e com porte reduzido, em outros tipos de formações vegetais do Brasil, da Argentina, e do Paraguai.

A espécie apresenta copa muito ramificada e densa e tronco ereto, fissurado, de casca cinza-escura, da qual se extrai um corante vermelho, considerado medicinal por algumas populações. Seu óleo essencial é utilizado pela perfumaria e o suco do seu fruto serve como inseticida. A madeira é durável, resistente a umidade, fungos e insetos e indicada para uso em movelaria, construção civil e até naval.

As folhas da cabralea medem entre 20 cm e 80 cm de comprimento e são imparipinadas – com de 15 a 21 folíolos –, verde-escuras, com nervuras salientes, principalmente a central. Em período de seca, a folhagem cai parcial ou totalmente para a planta poupar energia. As inflorescências têm a forma de panículas e surgem ao longo do tronco e dos galhos, diversas vezes ao ano, mas principalmente na primavera. Elas são compostas por flores brancas ou amareladas, pequenas, hermafroditas, melíferas e levemente perfumadas.

Os frutos são globosos, capsulares, de coloração entre vermelho e marrom na parte externa e alva na parte interna. Eles surgem em maior quantidade entre novembro e dezembro e se abrem naturalmente em cinco valvas – segmentos – expondo de três a cinco sementes amareladas. A dispersão das sementes é feita pelos animais. A taxa de germinação no seu hábitat é alta, mas em canteiros é baixa e lenta, demora cerca de dois meses.

Na Mata Atlântica a espécie atinge até 30 m de altura. Em outras formações vegetais é encontrada com porte menor

As flores surgem no tronco e nos galhos e os frutos se abrem em cinco partes

A florada ocorre na primavera. A exceção é o Nordeste, onde ela acontece no verão, junto com a do ipê-amarelo, como observado no Parque Sólon de Lucena, João Pessoa, PB

Caesalpinia echinata

Pau-brasil, ipirapitinga, ibirapitã, ibiraputã, pau-de-peranambuco, pau-vermelho

Família *Fabaceae*

A espécie que deu nome ao Brasil foi uma das primeiras a ser explorada pelos portugueses após o descobrimento, em 1500. Os desbravadores derrubaram tantas árvores para extrair a essência corante de sua madeira, que a espécie chegou a correr risco de extinção.

    Nativa da Mata Atlântica do Ceará ao Rio de Janeiro, principalmente do sul da Bahia e de Pernambuco, a árvore é espinhenta, com até 30 m de altura e 1 m de diâmetro de tronco. O fuste é curto, muito ramificado e apresenta casca pardo-acinzentada que se desprende e deixa à mostra sua madeira avermelhada.

    A copa, piramidal ou larga, proporciona uma boa sombra e é formada por folhagem verde-escura que, em algumas regiões, fica amarelada na estação seca. As folhas são bipinadas com até 10 pares de segmentos, com de 6 a 20 folíolos arredondados cada. As inflorescências são terminais e se formam em panículas verticais entre setembro e outubro, exceto no Nordeste, onde brotam em novembro e dezembro. Elas são compostas por flores hermafroditas, perfumadas, amarelo-ouro, com uma pétala diferenciada vermelho-púrpura, chamada de vexilo (uma característica das *Caesalpinias*). Os frutos são vagens oblongas, assimétricas, espinhentas, com aproximadamente 8 cm de comprimento por 2,5 cm de largura e se abrem naturalmente ao amadurecer. As sementes são arredondadas, lisas, marrom-claras, com cerca de 1,5 cm de diâmetro.

    A regeneração natural do pau-brasil na floresta é considerada boa. As sementes devem ser plantadas logo após a coleta, e a taxa de germinação, que ocorre em até 15 dias, é de cerca de 65%.

Silvestre Silva

A madeira do pau-brasil é avermelhada, e suas flores apresentam uma pétala modificada – chamada de vexilo – vermelha

A copa ampla e colunar da árvore que deu nome ao Brasil é formada por folhas bipinadas. Os frutos são vagens espinhetas

Caesalpinia ferrea var. *leiostachya*
Pau-ferro, jucá, quebra-foice

Família *Fabaceae*

O pau-ferro é uma árvore elegante, nativa das florestas pluviais de encosta atlântica, do estado do Piauí até São Paulo, de copa arredondada e muito ramificada. Ele atinge até 30 m de altura, mas seu tronco pode ser curto. Para aguentar o peso da copa, pode desenvolver sapopemas, um tipo de raiz que começa a se desenvolver acima da terra e ajuda a sustentar a árvore. Seu nome popular – pau-ferro – é uma referência à alta resistência e à cor da madeira, que é manchada em tons de cinza.

As folhas da árvore medem de 20 cm a 25 cm de comprimento e são compostas, bipinadas e com folíolos elípticos, verde-escuros. As flores amarelas brotam em panículas terminais e são hermafroditas, pentâmeras e melíferas. A florada ocorre de outubro a fevereiro e pode ser intensa ou minguada, dependendo do índice pluviométrico do ano. Os frutos são vagens de 10 cm por 4 cm, marrom-escuros quando maduros, que explodem com o calor, arremessando as sementes para longe. As sementes são globosas ou ovaladas, quase negras, com cerca de 10 mm por 6 mm de diâmetro. Elas devem ser plantadas logo após a colheita e demoram até um mês para brotar. A taxa de germinação é de cerca de 65%.

Existe uma variedade, a *Caesalpinia ferrea* Mart. Ex Tul. Var. Ferrea, típica da caatinga, principalmente do Estado do Ceará, de porte menor e flores maiores, ideal para o paisagismo de jardins menores.

A árvore de tronco curto, acinzentado e copa ampla é muito ornamental. Suas flores são amarelas e seus frutos, no formato de vagem

C

As flores surgem em inflorescências espigadas de julho até novembro

Caesalpinia pluviosa var. peltophoroides
Sibipiruna

Família *Fabacea*

A sibipiruna está disseminada pelo Brasil, mas sua origem é bastante controversa. O mais aceito é que ela seja nativa do estado do Amazônas até o de São Paulo, no Brasil e em regiões da Bolívia e da Colômbia. Até outrora, a espécie era conhecida como *Caesalpinia peltophoroides*, mas foi reclassificada.

Trata-se de uma árvore de médio porte, de 8 m a 16 m de altura e fuste de até 40 cm de diâmetro, de tronco múltiplo e copa ampla, que proporciona uma boa área sombreada. Daí, a espécie ser comum no paisagismo de centros urbanos de todo o Brasil. Sua florada é espetacular e dura de julho a novembro. As flores são amarelo-ouro e se aglomeram em rancemos cônicos, do tipo espiga, nas pontas dos ramos, realçadas por uma folhagem verde-escura e permanente. As folhas medem entre 20 cm e 25 cm de comprimento e são compostas por cerca de 19 pares de segmentos formados por até 28 folíolos, de 12 mm de comprimento.

Os frutos são vagens pequenas que se abrem naturalmente com o calor para expelir de três a cinco sementes achatadas e amarelo-escuras. As sementes podem ser armazenadas em local protegido das intempéries por um longo período e devem ser plantadas sob meia-sombra, com regas diárias até atingirem 10 cm de altura. Depois, a muda precisa ser transplantada para um local sob sol pleno.

A árvore de médio porte e copa ampla floresce intensamente e é muito utilizada no paisagismo de centros urbanos no Brasil inteiro

Calophyllum brasiliensis

Guanandi, galandim, jacareúba, (Amazônia), cedro-do-pântano, cedro-do-mangue, guanambi, bálsamo-de-landim, guanambi-de-leite, guanambi-carvalho, guanambi-cedro, gulande, gulande-carvalho, golandim, jacareíba, jacarioba, jacurandi, landi, landim, pau-de-azeite, pau-sândalo, pau-de-maria, uaiandi, uá-indi, urandi

Família *Clusiaceae*

A árvore é conhecida por mais de 70 nomes populares. Aqui estão listados apenas os mais usuais. Isso dá uma ideia da sua grande distribuição pelo Brasil. Acredita-se que o centro de sua dispersão seja a região amazônica. Mas a espécie pode ser encontrada, em faixas descontínuas, no Nordeste, Centro-Oeste, Sudeste e norte de Santa Catarina, na região Sul. Os hábitats são os mais variados: de cerrados e capoeiras a matas ciliares, restingas, mangues e até mesmo áreas alagadas permanentemente, como algumas da Floresta Amazônia.

A qualidade da madeira do guanandi o transformou em uma árvore literalmente nobre. Em 1810, foi determinado que apenas a realeza portuguesa podia cortá-la e, em 1835, um decreto a tornou a primeira madeira de lei brasileira. O entusiasmo e precaução da monarquia tinham uma razão: a madeira era amplamente utilizada em peças navais e resistia até a tiros de canhão.

Árvore de porte variado, entre 20 m e 40 m de altura, conforme o hábitat, o guanandi é muito ornamental. Ele tem fuste retilíneo, copa ampla ou piramidal, ramificada a partir de 2 m de altura do solo. Na Amazônia o diâmetro do tronco pode chegar a 1,5 m, mas em outras regiões não é comum alcançar metade disso. A casca é marrom-parda, fissurada, suberosa – com textura de cortiça – e se solta em pequenas placas.

As folhas variam de 5 cm a 15 cm de comprimento por 3 cm a 7 cm de largura e são coriáceas, opostas, com nervura central saliente, pecíolo longo e ciclo de maduração muito vistoso. Elas surgem avermelhadas, tornam-se verde-escuras, amarelas, bege, marrom-claras e, por fim, marrom-escuras. A troca acontece paulatinamente, o que permite apreciar todos estágios em uma única planta. As flores são pequenas, perfumadas, brancas, com estames amarelos, e se formam em panículas. Uma curiosidade rara de ver em outras plantas: alguns exemplares têm flores bissexuadas, outros só masculinas, porém, podem vir a produzir flores femininas também.

Os frutos se desenvolvem em pencas e são drupas subglobosas de cerca de 3 cm de diâmetro, amarelo-claras quando maduras e marrons quando secam e caem. A semente esférica e amarelada é dispersa por morcegos, macacos, pássaros grandes como tucano, porcos, roedores diversos, e nas árvores de áreas alagadas são levadas pelas águas e até por peixes grandes que se alimentam da fruta. No plantio, ela demora cerca de 50 dias para germinar e tem crescimento moderado.

ÁRVORES NATIVAS DO BRASIL

As folhas mudam de tom diversas vezes e os frutos se desenvolvem em pencas

Foto: Rodrigo Ciriello / Tropical Flora Reflorestadora

Calycophyllum spruceanum
Pau-mulato, mulateiro, pau-mulato-da-varzea, pau-marfim, escorrega-macaco

Família *Rubiacea*

O fuste longilíneo, marrom-acobreado e ceroso da espécie originou seu sugestivo nome popular: pau-mulato. Mas, ao longo do ano, a casca fina que recobre o tronco descama e o fuste muda totalmente de cor. Primeiro, ele fica inteiramente verde, depois, vai ganhando tons de marfim, amarelo, azul, cinza, marrom, até ficar novamente mulato e descamar.

A espécie, que chega a medir 35 m de comprimento, é ramificada apenas no ápice e não tem copa muito ampla. Suas folhas, de 9 cm a 17 cm de comprimento, por 5 cm a 7 cm de largura, são simples, lisas, com nervuras marcantes e pilosidade leve. As flores são pequenas, brancas, hermafroditas, levemente perfumadas e surgem em grupo de três, entre abril e julho. Mas devido ao porte da árvore é difícil apreciá-las. Os frutos capsulares são deiscentes, recobertos por pelos finos e medem cerca de 1 cm de comprimento. Eles abrigam sementes marrons e muito diminutas – para ter 1 kg são necessárias até 9 mil delas – que são dispersas pelo vento e pela água, o que gera agrupamentos de pau-mulato ao longo do Rio Amazonas, chamados de capironais. Além da Amazônia brasileira, a espécie habita regiões tropicais e subtropicais da Colômbia, do Equador, do Peru e da Bolívia.

Como as sementes são muito pequenas, para multiplicar o pau-mulato é indicado plantar os ramos secos junto com os frutos. A ocorrência ocorre em aproximadamente um mês e a taxa de germinação varia de 60% a 70%.

Aleia de paus-mulatos do Jardim Botânico do Rio de Janeiro.

A árvore, de até 35 m de altura, apresenta uma casca fina e marrom que descama, alterando a coloração do tronco ao longo do ano

Silvestre Silva

As vagens amareladas são vistosas e surgem em fevereiro. Meses depois, elas secam

Campsiandra laurifolia

Acapurana-da-varzea, acapurana, acapurana-do-igapó, acapurana-do-igarape, acapurana-vermelha, cumandá, cumanda-açu, capoerana, manaiara

Família *Fabaceae*

A elegante árvore fica com parte submersa boa parte do primeiro semestre, época de inverno e cheia na região amazônica, de onde é nativa. Ela mede entre 7 m e 10 m de altura e é fácil de ser identificada, principalmente quando está frutificando. Seus frutos em forma de vagens são grandes – medem entre 15 cm e 23 cm –, amarelados, surgem em cachos pendentes e se abrem naturalmente após o período de cheia.

As folhas são permanentes e formadas por 3 a 5 pares de folíolos verde-escuro-amarelados, lisos e com estria central aparente. As inflorescências surgem na parte terminal dos ramos finos, na forma de panículas e são formadas por flores de cinco pétalas, alvas, carnosas e com até 15 estames longos e vermelho-púrpuros. Elas são perfumadas e atraem beija-flores, abelhas e outros insetos que colaboram na polinização. A floração ocorre entre setembro e outubro e a frutificação começa em fevereiro ou março. Mas a época pode variar conforme a região e o índice pluviométrico do ano.

A acapurana pode ser encontrada em várzeas, beiras de rios, igarapés e lagos dos estados do Amazonas, Amapá e Pará. Não há informações quanto ao cultivo da espécie fora do seu hábitat.

Durante a época de cheia, a acapurana fica com parte submersa. É fácil encontrá-la no Rio Negro (AM) e no Rio Jarí (AP)

Capparis yco
Incó

Família *Capparaceae*

Existem pouquíssimas informações sobre o incó, arvoreta amplamente utilizada pelos sertanejos para confeccionar telhados. Sabe-se que a espécie mede de 3 m a 6 m de altura, apresenta tronco bastante ramificado, de até 25 cm de diâmetro, repletos de folhas grandes e vistosas. Elas medem de 20 cm de comprimento por 9 cm de largura, são cobertas por penugem, de tom verde-escuro na parte superior e verde-prateado na inferior. As flores são brancas e aromáticas. Os frutos são capsulares, ovais, pontudos, verdes e abrigam de quatro a seis sementes.

A espécie é muito disseminada no centro-leste da caatinga baiana, mais especificamente no Raso da Catarina, conhecido pela Guerra de Canudos (1896-1897) e pelas proezas de Lampião e seu bando. Os fora da lei fugiam para a região, uma área temida pela milícia devido ao calor abrasador. Euclides da Cunha, em *Os Sertões*, faz referência às casas com teto feito dos ramos da espécie: "Cobertas de camadas espessas de 20 centímetros, de barro, sobre ramos de incó, lembravam as choupanas dos gauleses de césar", disse ele.

As folhas medem até 20 cm de comprimento e são verde-escuras na parte superior e verde-prateadas na parte inferior

O incó é utilizado para cobrir casas do sertão baiano. Seus ramos são colhidos e colocados em camadas, entremeadas por barro. O resultado é um teto grosso, resistente às intempéries e que ajuda a amenizar a temperatura no interior das casas

Silvestre Silva

Carapa guianensis
Andiroba, andirobeira, andirobinha, carapa

Família *Meliacea*

A espécie está bastante disseminada na região amazônica, onde é encontrada em grande quantidade nas áreas de baixios – periodicamente inundadas – e, em menor número, nas partes altas de terra firme. No Estado do Pará, é possível se deparar com exemplares de 35 m de altura e tronco com 1,20 m de diâmetro. Nos outros Estados seu porte é um pouco menor.

A andiroba tem copa de tamanho mediano e densa e o tronco cinza-escuro, descamante, que pode, ou não, ser ramificado desde a base. Suas folhas são grandes, compostas de 4 a 6 pares de folíolos de ponta acuminada, nervuras salientes e pecíolo longo. Com textura de couro, as folhas demoram para se decompor mesmo em ambientes úmidos, ou imersas na água. Abaixo das folhas, surgem catafilos, um tipo de folhas reduzidas que parecem escamas e servem como reservatório de nutrientes.

As flores se formam em panículas terminais, de 20 cm a 40 cm de comprimento, e são unissexuadas, pequenas, levemente amareladas e perfumadas. Os frutos são cápsulas globosas, de casca grossa marrom-avermelhada e quatro valvas. Eles caem quando maduros, liberando de 8 a 16 sementes de formato peculiar e compostas por cerca de 26% de casca marrom-clara e 74% de uma massa utilizada para produção de um dos óleos essenciais mais importante da região amazônica.

Já foi observado que a andiroba floresce e frutifica em épocas diferentes do ano, conforme a região: no Pará, ou Amazônia Oriental, a floração ocorre entre agosto e outubro, e a frutificação, de janeiro a abril, época das cheias; já em Manaus, ou Amazônia Ocidental, a florada começa em dezembro e a frutificação em março. Nos dois casos, é normal os frutos caírem na água e serem transportados para lugares distantes, onde irão germinar gerando novos exemplares – um processo chamado hidrocoria.

O óleo de andiroba é um dos remédios naturais mais populares do Brasil. Ele tem ação analgésica, adstringente e anti-iflamatória. Também é um excelente relaxante muscular e vermífugo... São tantas as finalidades do óleo, que a *Carapa guianensis* faz parte da Relação Nacional de Plantas Medicinais de Interesse ao SUS – Sistema Único de Saúde. A planta também é utilizada pela indústria fitocosmética para produção de xampu, sabonetes e cremes em geral. Além de tudo isso, os povos da Floresta Amazônica utilizam o óleo como repelente de insetos e como combustível para lampiões.

No estado do Pará, é possível encontrar andirobas com porte de mais de 35 m

A andiroba tem inflorescência paniculada formada por pequenas flores levemente amareladas e, devido ao seu porte avantajado, pode desenvolver sapopemas

Grande parte do óleo é produzida artesanalmente. O processo se inicia com a coleta dos frutos no chão. Depois, eles são lavados e colocados de molho em água fervente

Jardim Botânico do Rio de Janeiro.

As folhas grandes são compostas por folíolos de nervuras salientes e ponta acuminada. Elas têm textura de couro e demoram para se decompor

As sementes amolecem e são transformadas em bolotas de massa oleaginosa. Elas são colocadas em vasilhas e o óleo escorre por um fio de algodão ou barbante

Cariniana estrellensis
Jequitibá, jequitibá-branco, jequitibá-rei, cachimbeiro, pau-de-cachimbo, binga, pau-bingueiro, pau-de-binga, coatinga

Família *Lecythidaceae*

Antigamente, o jequitibá habitava a floresta pluvial atlântica do Nordeste até o Sul do Brasil. Hoje, restam poucos exemplares devido à quantidade que foi derrubada pela qualidade da sua madeira. Acredita-se que exista apenas um jequitibá centenário no país: o do Parque Estadual de Vassununga, em Santa Rita do Passa Quatro, SP.

A árvore de grande porte – existe registro de uma com 60 m de altura e 4 m de diâmetro de tronco – apresenta fuste reto, curto, de casca fissurada, marrom-acizentada e copa aberta, muito ramificada. As folhas são ovais, coriáceas, com margens denteadas, nervuras aparentes e pecíolo curto. Seu tamanho é médio – de 6 cm a 12 cm de comprimento por de 3 cm a 6 cm de largura – e elas caem, total ou parcialmente, no inverno. Uma curiosidade: devido ao alto teor de tanino, as folhas já foram utilizadas para curtir couro.

As flores surgem nos nós das folhas, em racemos compostos por cerca de 20 pequenas flores – de até 5 mm –, branco-creme, hemafroditas e perfumadas. No Sudeste, a florada ocorre entre dezembro e fevereiro e a frutificação a partir de setembro. Os frutos são cilíndricos e lenhosos, medem até 8 cm de comprimento por 6 cm de largura e se abrem com o calor, expondo bordas denteadas. Cada um contém cerca de 23 sementes aladas e diminutas. Para compor 1 kg delas há a necessidade de juntar pelo menos 25 mil.

As sementes do jequitibá podem ser armazenadas por até um ano, embrulhadas em papel-alumínio e acomodados dentro de potes de vidro vedados, em local onde a umidade não seja superior a 4%. Elas devem ser semeadas sob meia-sombra e levam até 40 dias para germinarem, o que acontece com cerca de 60% delas.

Diferentemente de outras espécies, os frutos pixídios mostram uma borda denteada ao se abrirem

Vestígios indicam que restou apenas um jequitibá centenário. Ele mede cerca de 40 m de altura e fica no Parque Estadual de Vassununga, em Santa Rita do Passa Quatro, SP

Cariniana legalis

Jequitibá, jequitibá-rosa, jequitibá-vermelho, jequitibá--cedro, jequitibá-grande

Família *Lecythidaceae*

A árvore é grandiosa. Mede de 30 m a 50 m de altura e tem tronco com até 2 m de diâmetro. Ela já foi comum na região Centro-Oeste e no Sul do Brasil, mas foi amplamente explorada pela qualidade de sua madeira rosada e hoje consta da lista de espécies ameaçadas de extinção.

O jequitibá tem tronco reto, de casca parda, rugosa e rígida e apresenta copa ampla formada por folhas simples, coriáceas, denteadas, com nervuras aparentes e aproximadamente 8 cm de comprimento por 4 cm de largura. As flores surgem em grande quantidade em panículas terminais e são pequenas, brancas, hermafroditas e perfumadas. Já os frutos são lenhosos, pixídios e medem até 7 cm de comprimento por 3 cm de largura. Eles abrem com o calor e liberam sementes diminutas e aladas que são dispersadas pelo vento. Para ter 1 kg é necessário juntar cerca de 20 mil delas.

As sementes podem ser armazenadas por até um mês e cerca de 60% delas germinam em até 45 dias. A espécie demora aproximadamente 20 anos para começar a florescer e frutificar. A época varia conforme a região. No Sudeste, floresce de setembro a março e frutifica a partir do mês de agosto ou setembro.

As flores do jequitibá são pequenas, mas surgem em grande quantidade. A época varia de uma região para a outra

Silvestre Silva

O jequitibá chega a medir 50 m de altura, apresenta copa elegante formada por folhas com borda denteada e nervuras aparentes

Os frutos são cilíndricos, lenhosos e se abrem naturalmente com o calor, liberando sementes muito pequenas e aladas. A borda deles é lisa

Silvestre Silva

O cheiro e gosto do pequi agradam apenas a alguns paladares. No cerrado, além de servir à alimentação, a fruta é considerada medicinal e utilizada até para fazer sabão, devido ao alto teor de gordura

Caryocar brasiliense
Pequi, piqui, pequi-do-cerrado
Família *Caryocaraceae*

Considerada a árvore símbolo do cerrado, o pequi está sumindo junto com o bioma cada vez mais devastado para a criação de pastagens ou de grandes culturas, como algodão, café e milho. É uma bela espécie de tronco tortuoso, copa densa e florada vistosa, importante para as populações locais, menos favorecidas, que sobrevivem com a extração dos seus frutos.

O pequizeiro mede de 5 m a 10 m de altura e os exemplares adultos chegam a ter tronco de 80 cm de diâmetro. Sua copa é variável: pode ser muito ou pouco ramificada, densa ou rala. As folhas, verde-escuras na parte superior e esbranquiçadas na inferior, são coriáceas, trifoliadas, opostas e de pecíolo longo. Elas possuem nervuras salientes e pelugem densa, como muitas outras típicas dos cerrados, e podem cair na época de seca.

As inflorescências surgem em racemos terminais, com 10 a 30 grandes flores de cinco pétalas e numerosos estames amarelados. Elas são hermafroditas e exalam um odor forte para atrair seus polinizadores. Os frutos arredondados também têm um cheiro forte quando maduros, o que indica que devem ser colhidos. Caso contrário, eles caem. A florada acontece entre julho e agosto, e a frutificação de dezembro a março, conforme o índice pluviométrico e a região.

A multiplicação pode ser por sementes ou enxertia. Na semeadura a taxa de germinação é bastante baixa e a emergência demora até 60 dias. O desenvolvimento também é lento.

Formada por cinco pétalas e muitos estames, as flores deixam a espécie muito graciosa no inverno. A época de frutificação varia de acordo com o índice pluviométrico do ano. Os frutos são arredondados e exalam um odor forte quando ficam maduros. Essa é a hora de colhê-los

Silvestre Silva

85

A árvore mede até 30 m de altura e apresenta uma copa densa. Suas flores são parecidas com as do pequi, mas com estames vermelhos

Caryocar microcarpum

Pequiarana, pequiarana-da-varzea, pequia-bravo, pequiarana-do-igapó, pequarana-vermelha

Família *Caryocaraceae*

A espécie é presença marcante nas várzeas inundáveis dos Estados do Amazonas, Pará e Amapá. Mas, eventualmente, é encontrada em outras regiões. Isso porque as sementes caem na água dos rios e podem ser transportadas pela correnteza por longas distâncias.

A pequirana mede entre 20 m e 30 m, e seu tronco, de casca grossa, em geral tem entre 70 cm e 90 cm de diâmetro. Mas já foram encontrados exemplares com tronco de 4 m. A madeira do fuste é pesada, dura e difícil de apodrecer, o que permite usá-la até em construção naval.

A árvore é parente próxima do pequi, por isso, bem parecida. Em comparação, ela apresenta folhas maiores e mais compridas, flores com estames e pecíolos vermelho-púrpuros, que surgem em menor quantidade, e frutos de sabor inferior. A floração ocorre quase o ano todo, mas, principalmente, a partir de junho. Já os frutos surgem na época de chuva, de dezembro a março, quando as várzeas estão cheias.

A polpa do fruto envolve uma semente grande e espinhosa que deve ser colocada para germinar logo após ser colhida. A taxa de germinação é boa e a emergência ocorre em até 60 dias.

Caryocar villosum
Pequiá, piquiá

Família *Caryocaraceae*

A árvore de até 45 m de altura e mais de 1,8 m de diâmetro de tronco é grande, esplendorosa e tem uma característica peculiar: apresenta ramificações em diferentes alturas do tronco. Já a copa é pequena em relação ao seu porte.

O pequiá habita as terras altas e úmidas da região amazônica e a Mata Atlântica dos Estados da Bahia e do Espírito Santo. Suas folhas e flores têm características semelhantes às do pequi, um parente muito próximo. Os frutos, inclusive, têm sabor bem parecido, a diferença é a cor da polpa, que é mais clara nesta espécie. Por serem ricos em óleo, os frutos, que chegam a pesar 300 g cada, são aproveitados na produção de cosméticos e na culinária. Seu caroço contém sementes saborosas, comparadas às melhores nozes e castanhas. No entanto, é muito difícil extraí-las.

A floração da árvore ocorre entre agosto e setembro, e, quando acaba, as flores caem no solo, formando uma espécie de tapete. Ele atrai roedores e animais que se tornam presas fáceis de caçadores.

Como a espécie exige muita luminosidade no desenvolvimento inicial, a taxa de germinação do pequiá na floresta é baixa. Esse é um dos motivos de a árvore constar como vulnerável na lista de espécies ameaçadas de extinção. Estudos atestaram que os maiores responsáveis pela propagação do pequiá são os animais que levam os frutos para comer em clareiras.

A árvore é ramificada em diferentes alturas do tronco, como observado no exemplar acima (Monte Dourado, PA). As flores são parecidas às do pequi

Orquídeas, bromélias e outras epífitas se fixam no tronco rugoso da árvore

Os frutos do pequiá chegam a pesar 300 g cada. Eles apresentam polpa amarela e, de dentro do caroço, são extraídas saborosas sementes

Cassia ferruginea
Chuva-de-ouro, canafistula, canafrista, canafistula-de-besouro, canjiquinha, guarucaia, tapira-caiena

Família *Fabaceae*

Esta é uma das mais belas espécies brasileiras e, além de ser chamada de chuva-de-ouro, poderia muito bem ser conhecida como chuva-de-perfume. Isso porque suas flores amarelo-ouro exalam um aroma inebriante que atrai beija-flores e outras aves que colaboram para a polinização. Para melhorar, a florada que começa em setembro pode se prolongar até dezembro, dependendo da região em que é cultivada.

Os frutos são vagens cilíndricas de cerca de 50 cm de comprimento e praticamente negros, quando maduros. Eles começam a amadurecer em agosto ou setembro e se abrem espontaneamente para liberar pequenas sementes, achatadas, marrom-claras ou marrom-escura brilhantes.

A chuva-de-ouro é uma árvore de 8 m a 15 m de altura, conforme as condições climáticas em que é cultivada. Tem tronco de até 70 cm de diâmetro e casca escura, rica em tanino. Sua copa é arredondada e densa, o que proporciona uma boa área sombreada. As folhas ornamentais são compostas por até 25 pares de folíolos de 1,5 cm e 4 cm de comprimento.

A espécie de cerca de 15 m de altura é muito ornamental, principalmente quando surgem as inflorescências grandes, pendentes e perfumadas

Silvestre Silva

Cassia grandis
Cássia-grande, geneuna

Família *fabaceae*

A árvore frondosa é nativa das terras firmes da Floresta Amazônica e fica espetacular quando floresce, entre agosto e novembro, dependendo da região. Suas flores rosa são perfumadas e surgem em grande quantidade reunidas em cachos. Elas atraem besouros e beija-flores que colaboram na polinização.

A cássia-grande mede de 15 m a 20 m de altura e tem tronco curto, com até 60 cm de diâmetro, muito ramificado e de casca marrom fissurada. Apresenta copa larga e proporciona uma boa área sombreada na primavera, no verão e no outono. Já no inverno, ela perde a folhagem e permite a entrada do sol na copa.

As folhas são oblongas, paripinadas, com leve pilosidade e compostas por até 12 pares de folíolos de 4 cm a 6 cm de comprimento. Os frutos são vagens cilíndricas e pendentes, com até 60 cm de comprimento, e ficam quase negros quando amadurecem e caem. Eles guardam inúmeras sementes ovais, de cor castanha, com 2 cm de diâmetro, que devem ser escarificadas antes do plantio. Quase todas germinam entre 10 e 15 dias.

Os frutos medem até 60 cm de comprimento e ficam negros. A flores, rosa ou amarelas, surgem de agosto a novembro, conforme a região

A árvore apresenta tronco ramificado desde a base. Sua florada amarela é vistosa e os frutos, saborosos

Cassia leiandra

Mari-mari, mari-mari-da-varzea, ingá-mari, seruaia

Família *Fabaceae*

O hábitat do mari-mari são as matas de igapó, beiras de igarapés e várzeas, principalmente do Estado do Amazonas. No entanto, pode ser cultivado em regiões de terra firme e clima tropical úmido de outras regiões brasileiras.

A árvore, de tronco curto ou tortuoso, pode até ter um pequeno porte - atinge entre 4 m e 8 m de altura, mas sua copa é tão ampla que, em alguns casos, chega a medir 30 m de diâmetro. As folhas são compostas por até 12 pares de folíolos e caem na estação seca, de julho a setembro.

A florada ocorre após a renovação das folhas e é muito ornamental. Com tom amarelo-ouro, as flores se reúnem em inflorescências espigadas e se abrem sucessivamente ao longo do dia, atraindo dezenas de abelhas mamangavas e, consequentemente, passarinhos que se alimentam de insetos. A frutificação ocorre na época de chuva, que começa em novembro ou dezembro e se prolonga até maio. Os frutos são vagens cilíndricas de 40 cm a 50 cm de comprimento, por de 3 cm a 4 cm de largura, e ficam amarelados quando maduros. Saborosos, eles são comercializados nas feiras de Manaus e cidades vizinhas com o nome de ingá-mari ou seruaia.

As sementes parecem com comprimidos e ficam acomodadas em divisões simétricas no interior da vagem. Elas servem de alimento para macacos, roedores e peixes. Tanto que são utilizadas como isca na pescaria. As sementes devem ser plantadas logo que extraídas do fruto, e cerca de 80% delas germinam em um mês.

Silvestre Silva

O mari-mari tem porte pequeno para a amplitude de sua copa. As folhas são pinadas e os frutos abrigam sementes que parecem comprimidos

As inflorescências espigadas são formadas por flores amarelo-ouro que se abrem sucessivamente ao longo do dia

Cassia leptophylla
Falso-barbatimão, medalhão-de-ouro

Família *Fabaceae*

Entre as cássias, essa espécie é a mais vistosa quando florida. Suas inflorescências amarelas, globosas e levemente perfumadas colorem toda a copa por semanas. A época varia conforme a região: no Rio Grande do Sul e em Santa Catarina, elas surgem de novembro a janeiro; no Paraná, de novembro a março, e no Sudeste, de dezembro a janeiro. As flores, de cinco pétalas e hermafroditas, se reúnem em racemos terminais e são acroscópicas, quer dizer, abrem-se sucessivamente de baixo para cima.

A árvore mede de 8 m a 10 m de altura e tem tronco curto, bifurcado desde a base, com 30 cm a 40 cm de diâmetro nos exemplares adultos. A copa é densa, arredondada, baixa e recoberta por folhas verde-escuras, pinadas e compostas por até 12 pares de folíolos elípticos, com ponta aguda, de até 5 cm de comprimento por 2 cm de largura.

Os frutos, em forma de vagem achatada, são lenhosos, praticamente negros quando maduros e medem até 40 cm de comprimento. Durante a maturação, os frutos liberam uma resina incolor e adocicada que atrai abelhas e muitos outros insetos. As sementes são ovaladas, castanho-claras e pequenas, podem ser armazenadas por até 10 meses em ambiente refrigerado e brotam entre 15 e 35 dias, após o plantio. O índice de germinação delas varia de 50% a 90%. O crescimento no campo é lento.

Esta é a única espécie de cássia com vagens quadrangulares. Elas sofrem forte ataque de insetos na parte interna, o que pode prejudicar a produção de sementes viáveis

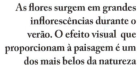

As flores surgem em grandes inflorescências durante o verão. O efeito visual que proporcionam à paisagem é um dos mais belos da natureza

Existem muitas espécies de embaúbas espalhadas pelo Brasil. As diferenças entre elas são sutis

Cecropia glaziovii, Cecropia hololeuca, Cecropia pachystachya, Cecropia distachya

Embaúba, embaúba, imbaiba, embaúba-vermelha, embaúba-da-mata, embaúba-prateada, árvore-da-preguiça, árvore-de-formiga, embauva, embauva-branca

Família *Urticaceae*

A embaúba está espalhada por todos os biomas brasileiros: da Floresta Amazônica às restingas do Sul; dos cerrados à Mata Atlântica. No entanto, existem inúmeras espécies da família das *Cecropiaceae* conhecidas como embaúba e as diferenças entre algumas delas são tão sutis que só um técnico é capaz de distinguir uma da outra.

Em geral, as embaúbas são árvores de 5 m a 18 m de altura, de fuste entre 15 cm a 40 cm de diâmetro. O tronco é recoberto por liquens, apresenta nós e entrenós e é oco. Formigas se abrigam no buraco, mas não atacam a planta. Pelo contrário, afugentam predadores como largartas. A maioria das embaúbas apresenta ramificação apenas no cume. A copa pode ser ampla ou mirrada. Dependendo do porte, formam raízes de escora.

Todas as embaúbas são dioicas, assim, existem árvores de flores masculinas e árvores de flores femininas. Outra característica comum às espécies são as folhas espiraladas, de 50 cm a 60 cm de diâmetro, que apresentam uma fina pelugem na parte superior ou inferior, dependendo da espécie. Elas surgem no topo da planta, protegidas por uma espata – um tipo de folha – avermelhada. O pecíolo das folhas é longo e tem uma dilatação carnosa, pilosa e rica em gordura na base, chamada de triquília, que serve de alimento às formigas. Na *Cecropia hololeuca*, as folhas são prateadas, o que faz a espécie se destacar na floresta.

As flores são pequenas e surgem em espigas pendentes masculinas ou femininas, dependendo do exemplar. Os frutos surgem agrupados na forma de dedos e podem ser bege, amarelados ou negros. As embaúnas florescem e frutificam o ano inteiro, mas com mais intensidade no segundo semestre, garantindo a alimentação de aves, macacos, morcegos, roedores e outros bichos no inverno. Todos esses animais são responsáveis pela vasta distribuição das embaúbas pelo país.

Silvestre Silva

Os frutos da embaúba surgem reunidos em espigas. As folhas são palmadas e podem ser prateadas, o que destaca a espécie na floresta

100 ARVORES NATIVAS DO BRASIL

O tronco pode desenvolver raízes de escora, e no topo da planta, espatas avermelhadas protegem as folhas novas

Silvestre Silva

Cedrela fissilis

Cedro, Cedro-rosa, cedro-vermelho, cedro-amarelo, cedro-branco, cedro-cheiroso, cedro-cetim, cedro-da-varzea, cedro-batata

Família *Meliaceae*

O cedro é uma das mais importantes árvores brasileiras. Ele faz parte da história, da economia e da cultura do país. Além disso, existem cidades com o nome de Cedro nos estados do Ceará, Pernambuco, Bahia, Sergipe, Minas Gerais e Santa Catarina.

Outrora, a árvore era encontrada em grande quantidade por quase todo o Brasil. Mas a cobiça do homem por sua madeira castanho-avermelhada, de qualidade comparável a do mogno, quase a levou à extinção. Hoje, a espécie consta como vulnerável na Lista de Plantas Ameaçadas de Extinção e há apenas algumas árvores centenárias na Floresta Amazônica e em reservas e parques nacionais.

Árvore retilínea de grande porte – até 35 m de altura por 90 cm de diâmetro de tronco –, o cedro tem copa frondosa e tronco de casca cinza-escura, grossa, com fissuras longitudinais. As folhas, de cerca de 40 cm de comprimento, são compostas de até 30 pares de folíolos lanceolados e caem na época de seca. Em algumas regiões, elas adquirem coloração ferrugínea antes disso.

As flores branco-amareladas brotam em panículas terminais, medem cerca de 12 mm de comprimento e são pentâmeras, unissexuais e recobertas de fina pelugem. Os frutos de até 7 cm de comprimento são cápsulas lenhosas, ovais, deiscentes, marrons, com pintas claras. Quando maduros, eles se abrem em 5 valvas, mostrando sementes envoltas em sâmaras que são dispersadas pelo vento. A floração e frutificação variam de acordo com a região, no Estado do Pará, a florada acontece entre maio e junho e os frutos surgem a partir de novembro. No Sudeste e no Sul, as flores brotam entre agosto e setembro e os frutos, a partir de julho.

O cedro se reproduz por estaquia ou sementes. A germinação da semente demora cerca de um mês. A muda cresce rapidamente no campo. Por esse e por todos os outros motivos, a espécie é indicada para recuperação de matas.

A madeira do cedro foi utilizada em muitas das peças de arte sacra produzidas por Antônio Francisco Lisboa (1730- 1841), o Aleijadinho. As esculturas podem ser apreciadas, principalmente, em Minas Gerais

A exploração da madeira do cedro quase levou a espécie à extinção. Com até 35 m de altura, ela apresenta frutos arredondados e com pintas

Cedrelinga catenaeformis

Cedrorana, cedrelinga, cedrão, cedro-amazonense, cedro-urana, cedro-aguano

Família *Fabacea*

A árvore de até 45 m de altura, de fuste cilíndrico, retilíneo e até 2 m de diâmetro, desenvolve sapopemas de até 4 m de altura para se fixar ao solo. Seu tronco fissurado é recoberto por casca cinza-escuras ou avermelhada e, quando cortado, exsuda um líquido incolor. Já a copa é ampla, elegante e formada por folhas ovaladas compostas, alternas, bipinadas, com 2 a 4 pares de folíolos, brilhantes e com estrias salientes, de cerca de 6 cm.

A espécie é comum na Floresta Amazônia, principalmente na parte localizada no Amazonas e no Pará. Mas também pode ser encontrada no Equador, Peru e Colômbia. No seu hábitat é fácil reconhecê-la quando está frutificando. Os frutos são vagens semitransparentes, achatadas, com formato que demarca as sementes redondas e até 50 cm de comprimento. A frutificação ocorre aproximadamente 150 dias após a florada, que começa em novembro e não é muito vistosa. As flores são pequenas, verde-amareladas ou creme e surgem em capítulos terminais ou axilares.

A cedrorana se multiplica por sementes, a taxa de germinação é alta e a ocorrência demora cerca de 45 dias. O plantio pode ser feito na sombra, meia-sombra ou sol pleno e o desenvolvimento da muda é rápido.

O nome popular da planta, cedrorana, é uma alusão à madeira, de qualidade e avermelhada, comparada à do cedro, e utilizada na construção civil e naval.

A copa da espécie é ampla, e as folhas ovais são verde-claras brilhantes

A espécie de grande porte é comparável ao cedro pela qualidade da madeira. Daí, seu nome popular: cedrorona. Seus frutos são vagens compridas com sementes aparentes

A paneira-branca tem mais espinhos que a paneira-rosa. E eles se mantêm na árvore adulta

Ceiba glaziovii
Paineira-branca, paina-branca, barriguda, árvore-de-seda

Família *Bombacaceae*

A paineira-branca tem poucas diferenças da paineira-rosa. Além da cor das flores, a mais visíveis são os espinhos que se mantêm mesmo quando a planta é adulta. Em relação à dilatação na base do tronco, ela é ainda mais comum na *Ceiba glaziovii*. Acredita-se que isso ocorra devido a sua ampla distribuição nas caatingas do Nordeste. Afinal, a intumescência é um recurso para acumular água. Mas a árvore também pode ser encontrada em menor quantidade em Minas Gerais, São Paulo, Goiás, no Mato Grosso e Mato Grosso do Sul.

O porte da paineira-branca varia de 15 m a 18 m, mas na caatinga fica com tamanho reduzido. Suas folhas têm pecíolo longo e são, na maioria das vezes, compostas por 5 folíolos, serrilhados, com 6 cm a 11 cm de comprimento, e aroma característico ao ser macerados. As inflorescências surgem em panículas formadas por até cinco flores, hermafroditas, com estame longo e perfume que atrai beija-flores, mamangavas, borboletas, morcegos e outros bichos que colaboram na polinização.

Os frutos medem de 8 cm a 15 cm de comprimento, são elípticos e se abrem naturalmente com o calor, soltando painas que envolvem pequenas sementes pretas. Quando estão verdes, as sementes servem de alimento para periquitos e maritacas, que perfuram o fruto com o bico para retirá-las.

No Nordeste, a árvore floresce entre julho e agosto, quando cessa o período de chuvas, e os frutos amadurecem quase um ano depois. As sementes germinam em duas ou três semanas. O crescimento da muda no campo é rápido.

As flores brancas surgem agrupadas após a época de chuvas. No Nordeste, ocorre entre julho e agosto

Ceiba pentandra

Sumaúma, samaúma, sumaúma-da-varzea, sumaúma-de-terra-firme, sumaúma-verdadeira, sumaúma-de-macaco, sumaumeira, árvore-da-seda, árvore-da-lã, paina-lisa, mafumeira

Família *Malvaceae*

Com mais de 50 m de altura, a espécie é uma das maiores árvores da Floresta Amazônica. Sua copa ampla pode ser avistada acima de todas as outras. Além de a imensidão do porte proporcionar beleza à paisagem, ela serve como ponto de localização a barqueiros de toda a região.

A sumaúma tem fuste retilíneo de 80 cm a 1,80 m de diâmetro, repleto de acúleos na fase jovem e de sapopemas, de até 8 m de altura, na fase adulta. O tronco serve de suporte a dezenas de plantas epífitas. A copa é frequentada por pássaros e macacos que habitam o dossel da floresta e se alimentam de suas flores carnosas. As flores surgem em panículas densas, na parte terminal dos ramos finos e desprovidos de folhas. Elas são brancas, com base peduncular esverdeada e aroma característico. Na Amazônia, dizem que, quanto maior a árvore, menores são as flores.

As folhas medem até 28 cm de comprimento, têm pecíolo longo e são compostas de 5 a 7 folíolos, lisos na parte superior e amarelo-claros na inferior, dispostos como os dedos da mão. Os frutos são cápsulas arredondadas, marrons, quando maduras, de até 12 cm de comprimento. Eles se abrem naturalmente e liberam suas valiosas painas, chamadas de kapok. Elas são inflamáveis, resistentes à água e utilizadas como isolante térmico. Sua comercialização é intensa e colabora com o rendimento dos ribeirinhos.

A grandiosa espécie também pode ser avistada de longe nos outros países que habita: Colômbia, Caraíbas, Equador, México, Venezuela e oeste da África.

Na fase jovem, o tronco é repleto de espinhos. Na fase adulta, as raízes formam sapopemas – raízes acima da terra que ajudam na fixação – de até 8 m de altura

A sumaúma mede cerca de 50 m de altura, valoriza a paisagem e serve como ponto de referência para os ribeirinhos. Bom exemplo é a árvore de uma ilha no Rio Branco, em Roraima (à direita). No município de Vigia (abaixo), nordeste do Pará, a árvore é cultivada pela madeira, leve e clara

Os ribeirinhos, como os do Rio Mojú, PA, usam a paina dos frutos da árvore como isolante térmico, até em barcos

Ceiba speciosa
Paineira, paineira-rosa, paineira-branca, árvore-de-paina, paina-de-seda, barriguda

Família *Malvaceae*

É uma árvore bastante conhecida dos brasileiros, por ser cultivada para fins ornamentais em várias regiões do país. É por causa dessa grande distribuição que sua origem é um tanto controversa. O que se sabe é que ela é vista no Centro-Oeste, Sudeste e em parte da região Sul do Brasil, e na Argentina e no Uruguai.

A paineira-rosa é uma árvore elegante, com porte entre 15 m e 30 m, copa densa e arredondada e tronco de características bem variáveis. Ele é sempre volumoso, tem entre 80 cm e 120 cm de diâmetro, e com espinhos grandes e pontiagudos, principalmente quando jovem. Mas o fuste pode ser retilíneo ou ramificado a partir de 1 m ou 2 m de altura e apresentar ou não base dilatada – uma qualidade famosa da espécie, mas não tão frequente quanto se imagina. A madeira é leve, mole, de baixa densidade e utilizada para a confecção de calçados, brinquedos e para a decoração interna de embarcações.

As folhas são verde-escuras, lisas, digitadas e compostas de 5 a 7 folíolos, de 6 a 12 cm de comprimento, por 2 a 6 cm de largura, de bordas serrilhadas, ponta acuminada e um suave aroma. A folhagem cai na época de seca e exala um odor característico quando macerada. As flores rosa-claras ou rosa-escuras, com o centro esbranquiçado, medem até 11 cm e são compostas por cinco pétalas e estames longos. Elas são hermafroditas, perfumadas e surgem nas axilas das folhas e no ápice dos ramos, isoladas ou agrupadas, e atraem borboletas, beija-flores, periquitos, morcegos, mamangavas e outros insetos.

Os frutos, capsulares e ovais, são verde-claros, amarelados quando maduros, com pecíolo longo de cerca de 15 cm de comprimento. Para liberarem as sementes, que estão envolvidas em painas, um tipo de fibra fina facilmente levada pelo vento, os frutos se abrem naturalmente com o calor. Pela sua qualidade, as painas são aproveitadas como enchimento de almofada, colchões e bichos de pelúcia. A taxa de germinação das sementes é de 80%, e a ocorrência, considerada uma das mais rápidas da natureza, acontece em até duas semanas.

A árvore pode ter ramos a partir de 1 m de altura ou fuste longo. Geralmente, a florada começa em fevereiro e os frutos se abrem em setembro, expondo painas que abrigam as sementes

Ao caírem, as flores compõem um tapete rosa no solo. Meses depois são as painas que deixam o chão branco. Os homens aproveitam as painas como enchimento de almofadas e afins; os passarinhos as usam para fazer seus ninhos

Quando jovem, a paineira apresenta espinhos. Quando adulta, demonstra seu formato escultural ao perder as folhas

Centrolobium tomentosum

Araribá, araribá-rosa, araribá-amarelo, araribá-carijó, aribá, araruva, ararauba, iriribá, gororoba, tipiri

Família *Fabaceae*

Na floresta, a espécie mede até 30 m de altura e apresenta tronco de 1 m de diâmetro, retilíneo e alto para a copa encontrar o sol acima das outras árvores. No jardim, ela fica com tronco curto e copa larga que proporciona uma boa área de sombra. Em ambos os casos, o tronco é cinza-escuro e se solta em placas.

As folhas são alternas, imparipinadas – com um único folíolo na parte oposta ao pecíolo – e compostas de 13 a 17 folíolos com cerca de 7 cm de comprimento por 3,5 cm de largura. As folhas adquirem a cor de ferrugem quando envelhecem e têm pequenos pelos na parte inferior. Na parte superior, elas são lisas, verdes e se tornam amareladas na época de seca. As inflorescências surgem em panículas nas extremidades dos ramos finos. Elas são compostas por botões florais ferrugem-escuros que se abrem em flores de 12 mm de comprimento, amarelas, hermafroditas, melíferas e polinizadas por insetos, principalmente, vespas.

O fruto da araribá mede 12 cm de comprimento por 4 cm de largura e desenvolve uma espécie de asa – sâmara – para flutuar levado pelo vento. Na ponta do fruto, as sementes ficam recobertas por espinhos marrons, quase negros. Cada fruto abriga de uma a três sementes amareladas, de 1,5 cm e 2 cm de comprimento e difíceis de extrair. Por isso, é indicado plantar o fruto todo para multiplicar a espécie. A taxa de germinação das sementes é de 95% e se dá em até um mês.

Por ter uma distribuição ampla no Brasil – a araribá pode ser encontrada na Mata Atlântica do Nordeste ao Sudeste, no Sul e no Centro-Oeste – e por se desenvolver sob sol pleno, meia-sombra ou sombra, a árvore é indicada para a recuperação permanente de matas. Sua floração ocorre entre janeiro e março, e os frutos amadurecem a partir de setembro ou outubro, conforme as condições pluviométricas locais.

Em Tatuí, SP, um dos seus hábitats, a espécie mede até 30 m de altura. No paisagismo, a tendência é ficar com porte reduzido e copa ampla (à esquerda)

Silvestre Silva

As inflorescências surgem em panículas terminais. Os botões têm a cor de ferrugem e se abrem em pequenas flores amarelas

As folhas são imparipinadas – com um único folíolo na parte superior –, e os frutos têm sâmaras – uma espécie de asa – e espinhos

Chloroleucon tortum

Tataré, jacaré, vinhático-de-espinho, orelha-de-macaco

Família *Leguminosae*

O tataré é uma pequena e graciosa árvore de tronco curto e galhos tortuosos, como o nome científico, *tortum*, indica. O porte pequeno e a beleza de suas flores e folhas, que mudam de tonalidade no decorrer do ano, fazem da espécie uma excelente escolha para o paisagismo de pequenos, médios e grandes espaços. Ela é uma das plantas tropicais que o famoso paisagista brasileiro Roberto Burle Marx descobriu nas matas e levou para o jardim, na década de 1970.

A árvore mede de 6 m a 12 m de altura, tem copa larga, densa e baixa, com pequenos espinhos nos ramos finos. O tronco – que chega a medir 50 cm de diâmetro – e os galhos são cinza-amarelados e soltam parte da casca, o que proporciona um visual muito especial ao tataré. As folhas são pilosas e pinadas, com 5 a 9 pares de folíolos de 15 mm. A árvore fica caduca no inverno. Na primavera, a folhagem rebrota verde-escura e se torna verde-clara, depois amarelada, no decorrer do ano.

Após recuperar as folhas, entre outubro e novembro, a copa da espécie fica coberta por flores brancas, hermafroditas, com numerosos estames, que, após serem polinizados, ficam amarelados. As flores surgem nas axilas ou na parte terminal dos ramos, em capítulos globosos e se parecem com pompons. Elas são perfumadas e atraem borboletas, beija-flores, abelhas e muitos outros insetos. Os frutos, com formato estranho, são vagens espiraladas – mesmo quando ainda estão verdes –, deiscentes e surgem em grupos nos ramos finos. Eles amadurecem quase um ano depois, entre agosto/outubro, quando novas folhas ainda estão brotando.

As sementes são pequenas, arredondadas, achatadas, com cerca de 4 mm de diâmetro e raramente germinam. Daí a dificuldade da regeneração natural da espécie, mesmo no seu hábitat. O tataré é típico das restingas, mas pode ser encontrado em outras áreas da Mata Atlântica, principalmente no Rio de Janeiro, mas também de São Paulo e Minas Gerais até o Paraná.

A espécie mede até 12 m, tem copa ampla e folhagem que muda de cor ao longo do ano, até cair no inverno

O tataré é extremamente ornamental: suas flores brancas têm o formato de pompons e ficam amareladas após a polinização. Os frutos são vagens espiraladas, mesmo quando ainda verdes. Já o tronco e os galhos compõem um conjunto escultural, de textura impressionante

Silvestre Silva

C

Chrysobalanus icaco

Ajuru, ajiru, guajuru, guajiru, icaco, abajeru, uajuru

Família *Chrysobalanaceae*

A árvore de pequeno porte – entre 4 m e 6 m – gosta do solo úmido e arenoso da beira do mar e de rios. Ela é muito comum na região amazônica, mas também pode ser encontrada nas restingas e dunas do Nordeste até o Rio de Janeiro. Fora do Brasil, habita o Caribe, o sul da Flórida (EUA), o México, o Equador e os países tropicais da África.

A espécie apresenta tronco com 20 cm a 40 cm de diâmetro e nas regiões de restinga forma moitas com galhos compridos e tortuosos, que muitas vezes chegam a tocar o chão. A casca deles era utilizada para curtir couro. As folhas são grandes, duras, carnudas e de formato que varia entre arredondado, ovalado ou obcordado – parecido com um coração invertido. Elas surgem alternas, arroxeadas e se tornam verde-escuras com o passar do tempo. As flores pequenas e brancas se dividem entre masculinas e femininas e brotam em panículas, nos ramos e nas axilas das folhas, mais de uma vez por ano. Na Amazônia, os frutos surgem no verão, que na região acontece a partir de julho. Já no Nordeste, a frutificação ocorre entre setembro e outubro. Os frutos medem cerca de 3 cm de diâmetro e são arredondados, com casca fina branca, rosa, marrom ou negra, conforme a variedade. Sua polpa é branca, esponjosa, comestível e utilizada como isca de pescaria pelos ribeirinhos amazônicos. A semente é grande e demora cerca de um mês para germinar. Como a espécie é comum perto de praia e rios, a dispersão costuma ser feita pela água, mas animais como morcegos e aves também contribuem para sua proliferação. O crescimento é lento.

É indicada para o paisagismo à beira-mar e de áreas degradadas úmidas e arenosas. Pode ser cultivada em vasos.

A árvore mede no máximo 6 m de altura e tem tamos tortuosos. Na Ilha do Mosqueiro, no Pará, é utilizada para proporcionar uma área sombreada à beira-rio

A árvore do Museu Paraense Emílio Goeldi, em Belém do Pará, já estava lá em 1895. Ela mede mais de 35 m de altura e seu tronco sulcado oferece suporte a filodendros e outras plantas dispersadas por aves

Chrysophyllum venezuelanense
Guajará, uajará, sorva-do-peru, sorveira-do-peru

Família *Sapotaceae*

A árvore de mais de 35 m de altura e tronco com mais de 2 m de diâmetro é uma das maiores da Amazônia oriental. Mas também pode ser encontrada na Venezuela, Guatemala, no Equador, Bolívia e Peru. Ela apresenta tronco de casca marrom-escura, que se desprende naturalmente, e com sulcos nos quais nascem plantas como bromélias, clúsias e filodendros por meio de sementes dispersadas por passarinhos.

Suas folhas são permanentes, simples, alternas, brilhantes, duras, com pecíolo longo e medem de 6 cm a 12 cm de comprimento por 4 cm a 6 cm de largura. Elas possuem estrias aparentes, principalmente a central, e ápice acuminado. As flores campanuladas são esverdeadas e se desenvolvem na parte terminal de ramos finos e nas axilas das folhas. Os frutos arredondados e de casca dura surgem de um pecíolo longo e medem cerca de 4,5 cm de diâmetro e, quando maduros, são amarelos com pintas esbranquiçadas. Eles apresentam polpa adocicada e podem ser consumidos *in natura* ou cozidos, como é comum em outros países. A semente é dura, com cerca de 2,5 cm de comprimento.

Silvestre Silva

Citharexylum myrianthum

Tucaneira, baga-de-tucano, tucaneiro, pau-de-viola, bombeiro, tarumã-branco, pau-de-tamanco

Família *Verbenaceae*

A árvore é muito adequada para o paisagismo e atrai tucanos. Ela atinge até 25 m de altura e tem florada e frutificação muito ornamentais. Além disso, o fato de estar dispersa por grande parte do Brasil a torna bastante rústica. Na natureza, ela pode ser encontrada na faixa litorânea de Mata Atlântica do Nordeste ao Sul do Brasil e em terrenos brejosos e matas de galeria do Centro-Oeste.

O tronco, de 30 cm a 70 cm de diâmetro, tem casca de marrom a verde, descamante. A copa é piramidal ou arredondada com ramos finos de coloração amarelada, e as folhas medem de 10 cm a 20 cm de comprimento por 3 cm a 7 cm de largura. Elas são simples, lanceoladas, com ápice acuminado, subcoriáceas, opostas, com pecíolo longo e uma bela coloração: verde-avermelhadas ou verde-amareladas, conforme a fase de maturação. Além disso, a face superior delas é brilhante e a face inferior, mais clara com nervura aparente. Durante a estação seca, a folhagem cai parcialmente.

A época de florada varia de uma região para a outra. No Sudeste e Sul ocorre entre outubro e dezembro. No Nordeste, entre dezembro e março. As flores são hermafroditas, pequenas, brancas, com cinco pétalas e perfume adocicado. Mas, como se reúnem em grandes e vistosos rancemos terminais e pendentes, chamam a atenção e atraem beija-flores, abelhas e outros insetos que colaboram para a polinização.

A frutificação se inicia logo e também é espetacular. Os frutos do tipo drupa medem cerca de 1 cm de diâmetro, são vermelhos e se reúnem em cachos de até 19 cm de comprimento, presos a ramos também vermelhos.

O tucaneiro pode ser multiplicado por estaquia de broto de raízes ou por sementes. A taxa de germinação é alta e os brotos surgem em até 40 dias.

Os frutos vermelhos e ornamentais atraem tucanos, daí surgiu o nome popular da árvore: tucaneira

A espécie mede até 12 m de altura e proporciona uma boa área de sombra, como visto na beira do Rio Amazonas, em Macapá

As flores são azul-violeta e surgem após a época de chuva. Os frutos são vagens

Clitoria fairchildiana
Sombreiro, sobreiro, sombrero, sombra-de-vaca, palheteiro, carauta

Família *Fabacea*

A espécie é originária das áreas de terra firme da Floresta Amazônica e das matas de galeria de Tocantins e Goiás. Seu nome científico, *Clitoria*, é uma alusão ao formato das flores, que parece um clitóris, e seu nome popular, sombreiro, uma referência à sombra proporcionada por sua copa ampla de folhagem densa e permanente. Tal característica faz com que a árvore seja cultivada no paisagismo de grandes áreas, inclusive públicas do Norte, Nordeste e Sudeste brasileiro.

O sombreiro mede até 12 m de altura e tem tronco com cerca de 50 cm de diâmetro, de madeira de boa qualidade, utilizada para a produção de caixotes, brinquedos, forros e balcões. Suas folhas têm pecíolo longo e surgem em grupo de três e são pendentes, coriáceas, lisas, com 14 cm a 18 cm de comprimento por 5 cm a 7cm de largura.

As flores perfumadas nascem em racemos terminais, também pendentes, e são azul-violeta, o que proporciona uma bela aparência à árvore por um longo período. A florada ocorre no final da época de chuvas da região de cultivo. Os frutos são vagens achatadas, amareladas quando maduras. Eles medem entre 5 cm e 8 cm de comprimento e, ao se abrirem naturalmente, se contorcem para liberar sementes marrons, com menos de 2 mm de diâmetro. A taxa de germinação chega a 80%, e pode ocorrer em menos de 1 mês.

Clusia fluminensis
Clúsia, Manga-da-praia

Família *Clusiasea*

A arvoreta mede até 7 m de altura, tem tronco curto, tortuoso e muito ramificado. É nativa da região de restinga, principalmente do Rio de Janeiro – daí, a espécie ser chamada de fluminensis –, mas também pode ser encontrada do Espírito Santo até a Bahia.

A espécie exsuda látex em todas as partes e tem casca rugosa, cinza, com manchas liquênicas em seu hábitat. Sua folhas verde-escuras são ovaladas, carnudas, coriáceas, com até 14 cm de comprimento por 7 cm de largura, e apresentam uma estria central bem marcada.

As flores surgem a partir de novembro, sozinhas ou em grupo na parte terminal dos ramos e têm pétalas brancas e carnosas e os estames são pequenos pontos alaranjados ou avermelhados no miolo. Os frutos são duros, elípticos, com uma pequena coroa escura e persistente. Eles se abrem naturalmente ao amadurecerem, entre março e abril, e expõem sementes envoltas por um arilo alaranjado. A taxa de germinação é muito baixa e, quando ocorre, leva um mês. Por isso, é mais comum multiplicar a planta por estaquia ou alporquia. O crescimento é lento.

Pela característica ornamental da folhagem e por ser muito ramificada, a clúsia é muito utilizada no paisagismo, pode ser com a copa preservada, topiada na forma de bola ou formando cerca viva. Ela aceita muito bem cortes constantes.

A árvore mede até 9 m de altura e floresce em novembro. É possível ver exemplares grandes dela no Jardim Botânico do Rio de Janeiro (abaixo)

126   ÁRVORES NATIVAS DO BRASIL

A árvore mede até 8 m de altura, mas apresenta flores de até 16 cm de diâmetro, masculinas e femininas, como a mostrada acima

Clusia grandiflora
Clúsia, clusia-de-flor-grande, orelha-de-burro

Família *Clusiaceae*

Todas as clúsias produzem flores vistosas, mas, como o nome científico da espécie, *grandiflora*, indica, esta apresenta as maiores. As flores brancas medem 16 cm de diâmetro, apresentam pecíolo longo e pétalas carnosas. Elas brotam de setembro a dezembro, nas axilas das folhas e são ricas em néctar, o que atrai as abelhas responsáveis pela polinização.

A espécie é dioica, ou seja, alguns exemplares têm flores femininas e outros só têm flores masculinas. É possível identificar o gênero da planta observando a formação central das flores: as masculinas são mais vistosas do que as femininas. Os frutos se desenvolvem rapidamente e variam de tamanho. Eles são ovais, verde-amarelados e possuem válvas que se abrem expondo as sementes com arilo vermelho. Quando secam, caem e parecem uma obra de arte esculpida em madeira.

Pequena e graciosa, a clúsia-de-flores-grandes mede de 4 m a 8 m de altura e tem tronco com 15 cm a 25 cm de diâmetro. Curiosamente, a espécie é semiepífita e pode se desenvolver no tronco de árvores, lançando raízes em direção ao solo. Possui látex esbranquiçado em todas as suas partes.

As folhas medem de 8 cm a 16 cm de comprimento por 4,5 cm a 8,5 cm de largura, são carnudas e apresentam uma nervura central vistosa. Seu formato ovalado lembra a orelha do burro. A folhagem é permanente e se renova aos poucos, sem afetar a beleza da planta.

A clúsia-de-flores-grandes se distribui por uma área descontínua. No Brasil, pode ser encontrada nas restingas, campinas e campinaranas da Amazônia, sendo comum em Roraima. Também pode ser vista no Peru, na Colômbia, na Venezuela e nas Guianas. Multiplica-se por sementes ou estaquia.

As flores masculinas desta clúsia são mais bonitas do que as femininas

Os frutos são bonitos e quando secam parecem esculturas de madeira. Curiosamente, a clúsia-de-flores-grandes pode se desenvolver fixada em outras árvores.

Cnidoscolus phyllacanthus

Favela, faveleira
Família: *Euphorbiaceae*

A faveleira ocorre nas caatingas dos estados do Nordeste brasileiro e no norte de Minas Gerais, divisa com a Bahia. É uma espécie com tronco, ramos, folhas e até frutos espinhentos, que atinge entre 4 m e 8 m de altura e pode ser ramificada desde a base. Seu tronco é fino, cinza-pardo, atinge no máximo 40 cm de diâmetro e, quando cortado, libera látex urtigante.

A copa da arvoreta é larga, piramidal e densa. As folhas são alternas, simples, medem entre 8 cm e 16 cm e caem na estação seca, o que deixa a faveleira com aspecto de morta. Mas, com as primeiras chuvas da primavera, a folhagem ressurge verdejante.

As flores nascem entre agosto e setembro, em cimeiras axilares, geralmente agrupadas. Elas são brancas, tubulares e unissexuais. A partir de dezembro, surgem os frutos capsulares e verdes, que se tornam amarelados quando amadurecem, geralmente, em fevereiro. Eles se abrem naturalmente e liberam, de forma explosiva, sementes parecidas com as da mamona – planta da mesma família. A taxa de germinação das sementes é baixa e a emergência ocorre em um mês. O crescimento da muda é muito rápido.

A arvoreta rústica e elegante é repleta de espinhos. Na época de seca, ela perde todas as folhas, o que destaca seu formato escultural

A origem do termo *favela*, usado para designar as comunidades carentes brasileiras, está intimamente ligada a esta árvore. Durante a Guerra de Canudos, 1895-1896, soldados de todas as regiões do Brasil foram ao interior da Bahia combater os devotos do missionário Antônio Conselheiro, e ficaram abrigados no morro conhecido como favela, por ter muitos exemplares da planta. O governo havia prometido aos combatentes uma casa após a batalha. Mas a promessa não foi cumprida, e os sobreviventes, sem ter onde morar, começaram a ocupar morros, como o da Previdência, no Rio de Janeiro, e a chamá-los de favela

A espécie é dona da maior folha conhecida. Ela pode medir mais de 2,5 m de comprimento por 1 m de largura e tem uma penugem fina na parte inferior

A árvore é instigante. Ela tem tronco fino que chega a medir 15 m de altura, e suas folhas enormes surgem apenas no ápice

Coccoloba sp
Cocoloba

Família *Polygonaceae*

A árvore tem a maior folha já encontrada na natureza. Na Casa da Ciência, do Instituto Nacional de Pesquisas da Amazônia, é possível observar uma dessas folhas com 2,40 m de comprimento por 1,44 m de largura exposta em uma das paredes como uma obra de arte. Mas o descobridor da cocoloba, o pesquisador botânico Carlos Alberto Cid Ferreira, afirma que pode existir exemplares ainda maiores.

Essa espécie de *Cocoloba* foi descoberta em 1982, na bacia do Rio Madeira e ainda está em estudo. Daí, receber a denominação internacional para plantas ainda não classificadas: *sp*.

O gênero *Coccoloba* possui cerca de 400 espécies distribuídas pelas Américas em clima variado. No Brasil, ocorre aproximadamente 45 espécies, sendo que mais de 20 habitam a região amazônica. Esta cocoloba especificamente apresenta características peculiares: como o tronco retilíneo, sem ramificações, fino – 30 cm de diâmetro –, com até 15 m de altura, cicatrizes foliares e poucas folhas, distribuídas apenas no ápice. Além de grandes as folhas são duras, brilhantes na parte superior e aveludadas na inferior.

A árvore de tronco retorcido e casca avermelhada descamante é um dos grandes destaques das caatinga brasileira

Commiphora leptophloeos

Amburana, emburana, imburana, umburana, imburana-brava, imburana-de-cambão, umburana-de-espinho, umburana-vermelha

Família *Burceraceae*

Esta é uma das árvores mais representativas da caatinga brasileira, principalmente do Nordeste. Mas, curiosamente, também pode ser encontrada na região pantaneira do Mato Grosso. Seu formato retorcido e a cor avermelhada são muito ornamentais e se destacam nessas regiões, quando elas estão verdes ou calcinadas.

A amburana é uma espécie espinhenta, de 6 m a 9 m de altura e tronco de cerca de 60 cm de diâmetro, muita vezes oco. Os galhos, que podem surgir bem rentes ao solo, perdem a folhagem na época de seca. As folhas rebrotam verde-claras e se tornam verde-escuras no decorrer do ano. Elas são pinadas, alternas, compostas por sete folíolos duros, ovais, com até 3,5 cm de comprimento e de odor peculiar quando macerados.

As flores brotam isoladas ou em grupo nas axilas das folhas e na parte terminal dos ramos de novembro a janeiro. Elas são pequenas, com até 4 mm, de tom amarelado a verde--claro e exalam um leve perfume que atrai beija-flores, abelhas e outros insetos. A partir de março surgem os frutos capsulares, de aproximadamente 1,5 cm de diâmetro e verde-claros, mesmo quando maduros. Eles apresentam polpa carnosa, de sabor agridoce e são muito consumidos na região semiárida.

A semente é unitária, negra, com arilo vermelho na ponta e pode ser germinada até um mês após a coleta. A taxa de germinação é de 50% e o crescimento é lento.

Copaifera langsdorffii
Copaíba, pau-de-óleo, óleo, capaúba, bálsamo, cupiuva

Família *Fabacea*

A árvore ficou famosa pelo óleo extraído do seu tronco e utilizado, desde a época do descobrimento do Brasil, como cicatrizante. Já em 1560, o padre jesuíta espanhol José de Anchieta escrevia aos seus superiores sobre os poderes do óleo: "Ele exala um cheiro muito forte, porém agradável, e é ótimo para curar feridas. É tão eficiente que, em pouco tempo, nem mesmo sinal fica das cicatrizes...".

A árvore tem sua origem na Floresta Amazônica e na Mata Atlântica, principalmente da região Sudeste e Centro-Oeste. Mas, curiosamente, não há registro de exemplares que produzam o famoso óleo de copaíba fora da região amazônica. Aliás, a retirada do óleo da árvore é cercada de mistérios. Nem mesmo os especialistas no ofício sabem o momento certo de extraí-lo. Lua cheia ou nova? Verão ou inverno? Não há regra. Só tentativas, erros e acertos.

A copaíba é uma espécie de mais de 30 m de altura de fuste retilíneo ou curto, com copa densa que proporciona uma boa área de sombra. Seu tronco tem casca com manchas marrons e cinza, diâmetro que varia de 80 cm a 180 cm e madeira de boa qualidade, amplamente explorada, principalmente na região Sudeste, para a confecção de móveis finos.

As folhas têm pecíolo longo, com 3 a 5 pares de folíolos alternos ou opostos, de 4 cm a 6 cm de comprimento por 3 cm de largura. Elas caem durante a estação seca, e quando rebrotam, com as primeiras chuvas, são avermelhadas. As flores surgem em panículas terminais ou nas axilas e são hermafroditas, branco-esverdeadas, com pouco mais de 4 mm de comprimento e um leve perfume. A florada ocorre no verão e atrai beija-flores, abelhas e outros insetos.

Os frutos são drupas ovoides, marrom-avermelhadas quando maduras, e se abrem naturalmente, expondo uma semente negra, dura e brilhante, com arilo amarelado (foto acima). O arilo serve de alimento para pássaros, macacos e roedores que colaboram para disseminar a espécie.

A germinação das sementes frescas demora no máximo dois meses. As mudas devem ser mantidas em ambiente sombreado e transferida para o sol pleno lentamente.

A copaíba é uma árvore frondosa de até 30 m de altura. Suas folhas caem durante a seca e os frutos têm semente negra, com arilo amarelado

O óleo de copaíba é espesso, amarelado e com odor característico. Para extraí-lo, o tronco é furado até que se atinja o cerne. Daí, uma garrafa é presa a um aparador e deixada lá por dias recebendo o óleo da árvore que escorre lentamente. Após o processo, fecha-se o furo do tronco, com um pedaço de madeira, para evitar fungos no interior

Silvestre Silva

A árvore de até 20 m de altura é comum no Brasil e tem copa piramidal. Suas flores são brancas, mas secam ainda na árvore

Cordia glabrata
Louro, louro-branco, louro-preto, louro-de-mato-grosso, claraíba, peteribi

Família *Boraginaceae*

Muitos motivos tornam a espécie ideal para o paisagismo: o porte mediano, a copa que proporciona uma boa área de sombra e a florada intensa, com dois momentos visualmente atrativos. O primeiro é quando as flores surgem brancas com a árvore desprovida de folhas, geralmente de julho a setembro. O segundo é quando elas secam totalmente, ainda na árvore, e proporcionam ao jardim uma coloração amarronzada.

O louro é uma árvore com bastante ocorrência no Brasil. Pode ser encontrado das caatingas nordestinas aos cerrados do Centro-Oeste. Também habita matas semicidécuas de São Paulo, Mato Grosso e Mato Grosso do Sul. Seu porte varia de 5 m a 10 m e o tronco, de casca pardacenta e descamante, mede de 30 cm a 40 cm de diâmetro.

A copa pode ser piramidal, com galhos distribuídos em quase todo o fuste, ou arredondada e densa. As folhas são simples, coriáceas, com ponta acuminada, e medem de 8 cm a 12 cm de comprimento por 5 cm a 7 cm de largura. Elas apresentam nervuras aparentes e pecíolo longo, de até 4 cm. As flores tubulares e compostas por cinco pétalas são pequenas, brancas e se formam, isoladas ou em grupos, em racemos terminais de até 12 cm.

Os frutos se formam abaixo das pétalas das flores, são minúsculos – são necessários 30 mil deles para formar 1kg – e amarelados, quando maduros. Eles se dispersam pela ação do vento, junto com as pequenas flores, que servem como uma espécie de hélice. A propagação é por sementes, a taxa de germinação é baixa e a ocorrência leva aproximadamente 2 meses. O crescimento da muda é lento.

Os frutos do louro são pequenos e surgem logo abaixo das flores secas. O conjunto é levado pelo vento e dispersa a espécie

Cordia goeldiana

Freijó, frei-jorge, cordia-preta, feijó-branco, freijó-cinza, freijó-verdadeiro, freijó-preto

Família *Boraginaceae*

A árvore é encontrada em maior quantidade nas áreas de terra firme da Amazônia oriental. Ela mede entre 10 m e 20 m de altura e é ramificada a partir da metade do tronco, o que forma uma copa piramidal muito atrativa, principalmente quando floresce de outubro a dezembro. As flores tubulares e brancas têm cinco pétalas, são hermafroditas e se reúnem em panículas globosas, de até 12 cm de diâmetro, quando a espécie está caduca, proporcionando um efeito visual incrível à floresta. Além disso, elas atraem beija-flores e adquirem uma coloração amarronzada quando secam ainda nos galhos.

As folhas são alternas, lisas e, quando jovem, apresentam uma fina penugem de coloração amarelada, na face inferior. Elas medem de 8 cm a 15 cm de comprimento por 4 cm a 8 cm de largura e têm pecíolo longo. Os frutos são drupas acinzentadas, com cerca de 6 mm de comprimento por 4 mm de largura e surgem no tubo da corola e do cálice da flor seca. Quando a flor cai, é levada pelo vento, dispersando os frutos e, consequentemente, as sementes. A taxa de germinação das sementes é de 60% e a ocorrência leva aproximadamente 2 meses. O crescimento da muda no campo é bastante lento.

A madeira do freijó é pesada, durável, utilizada na construção civil e naval e também na produção de móveis finos e outros objetos.

A árvore de até 20 m de altura e copa piramidal floresce intensamente na primavera-verão. Os frutos, que são muito pequenos, surgem logo abaixo da corola e do cálice das flores secas. As folhas são lisas e, quando jovens, apresentam pilosidade na parte inferior

Como é característico de muitas espécies amazônicas, a árvore pode florescer muito em um ano, e, no outro, nem tanto

Cordia superba

Babosa-branca, baba-de-boi, babosa-doce, guanhuma, grão-de-galo, grão-de-porco, jangada-do-campo, carapiá, jagoará-muru, tajaçu

Família *Boraginaceae*

A árvore ganhou alguns dos seus nomes populares, como babosa-branca e baba-de-boi, devido a uma mucilagem pegajosa e cristalina existente na polpa dos seus frutos.

Entre as *Cordias* espalhadas pelo Brasil, essa é a mais ornamental e uma das mais rústicas. Isso porque pode ser encontrada em matas de galerias, ciliares e em menor quantidade nas caatingas, do Norte ao Sul do Brasil.

A babosa-branca é uma árvore de 5 m a 10 m de altura e tronco de até 30 cm de diâmetro, de copa piramidal e muito ramificada. Suas folhas são simples, oblongas-lanceoladas, acuminadas, com bordas denteadas, nervuras aparentes e têm a face inferior áspera. Elas medem de 16 a 20 cm de comprimento por 5 cm a 10 cm de largura e ficam amareladas antes de caírem, nos meses frios ou secos.

As flores medem cerca de 3 cm e são hermafroditas, campanuladas, brancas e levemente transparentes. Elas se reúnem em panículas terminais de outubro a fevereiro na região Sul e Sudeste; de julho a setembro, na Centro-Oeste; e de abril a junho, no Nordeste e no Norte. Cinco ou seis meses após a florada, a árvore começa a frutificar. Os frutos são drupas de 2 cm de diâmetro, amarelos quando maduros e

surgem em pencas. Daí, apresentarem pecíolo longo.

A semente é ovoide, bege, com cerca de 1,5 cm de comprimento e envolta pela polpa mucilaginosa. A maioria das sementes é viável e germina em até 75 dias. No refrigerador, elas podem ser armazenadas por até seis meses. O plantio pode ser feito em qualquer condição de luminosidade. A muda cresce rápido e floresce, pela primeira vez, em quatro ou cinco anos.

As flores campanuladas e brancas se reúnem na ponta dos ramos. As folhas são serriadas, e os frutos (acima) surgem em penca

Couroupita guianensis

Abricó-de-macaco, castanha-de-macaco, macacarecuia, macacari-cuia, cuia-de-macaco, amêndoa-dos-andes, cuiarana, bala-de-canhão

Família *Lecythidaceae*

Grandes, róseas e perfumadas, as flores desta árvore se dispõem em rancemos longos e pendentes que encobrem grande parte do tronco. Uma característica peculiar que proporciona um belo efeito visual à espécie o ano inteiro, mas, principalmente, na primavera e no verão. Além de bonitas, as flores são carnudas e servem de alimento para macacos, roedores, pássaros e outros animais.

Quando a florada acaba, surgem nos rancemos frutos duros, globosos e marrons, de até 20 cm de diâmetro e mais de 3 kg. Características que levaram os ingleses a apelidar a espécie de *Cannon bal*, ou bola-de--canhão. Já o nome popular abricó-de-macaco é uma referência ao odor desagradável que eles exalam. Os frutos também não são saborosos, mas sua polpa macia e azulada é rica em índigo, o constituinte químico usado para tingir jeans.

Cada fruto contém de 200 a 300 sementes oblongas, duras e aladas, que podem ser plantadas sob sol pleno. Cerca de 80% delas germinam em até um mês. E o crescimento da muda é relativamente rápido. A árvore atinge de 8 m a 15 m de altura por 30 cm a 50 cm de diâmetro de tronco e tem casca marrom-escura, descamante. Sua copa é piramidal e suas folhas, com até 20 cm de comprimento por 14 cm de largura, têm estrias paralelas e central aparentes. Além disso, ficam amareladas de forma simétrica na época de seca.

No Brasil, o abricó-de-macaco é encontrado, principalmente, às margens de rios, igarapés e várzeas inundáveis da região amazônica. Mas também habita as Guianas, a Venezuela, a Costa Rica, o Panamá, a Colômbia e o leste do Equador.

A florada encobre parte do tronco e se destaca abaixo da copa, como visto na foto de uma praça em João Pessoa, PB

As flores grandes e carnudas servem de alimento a macacos, pássaros, roedores e outros bichos. Na Amazônia, os caçadores costumam aguardar perto da árvore a aproximação dos bichos para abatê-los

É comum ver o abricó-de-macaco no Rio de Janeiro. Existe uma aleia deles no Jardim Botânico e em muitos outros locais. Sua florada pendente é exuberante. Mas é preciso cuidado com os frutos que chegam a pesar mais de 3 kg e podem machucar alguém ao cair

Silvestre Silva 145

As folhas são verde-escuras e brilhantes, o tronco é marrom-acinzentado

Couepia edulis
Castanha-de-cutia

Família *Chrysobalanaceae*

A castanha-de-cutia é frondosa, mas faz parte dos recursos não madeiros da Amazônia. Exploram-se, principalmente, as sementes dos frutos, inclusive, na produção de óleo e de sabão, devido ao seu alto teor de gordura – 73%. Interessante é que, se em um ano a safra da árvore chega a ser 2.400 frutos, no outro, ela pode ser nula. Os caboclos dizem que esse intervalo na frutificação se dá "porque a árvore precisa descansar". E a sabedoria popular está correta, realmente há um esgotamento nutricional em plantas que frutificam nessa dimensão.

Os frutos são drupas marrons, oblongas, de 6 cm a 12 cm de comprimento, de pericarpo duro, fibroso, difícil de abrir. A semente é comprida – cerca de 5 cm de comprimento – relativamente dura, com parte externa cor de ferrugem e amêndoa branca, que pode ser consumida crua ou assada. A época de frutificação varia de região para região. Mas não é raro ver frutos e flores surgirem ao mesmo tempo, pois o ciclo, da floração até a queda do fruto, é de cerca de um ano. As flores são brancas, pequenas, hermafroditas e se reúnem em grupos de cerca de 20 em panículas terminais.

A árvore mede de 20 m a 25 m de altura, tem tronco com até 50 cm de diâmetro, de casca acinzentada. Sua copa é densa, ramificada desde a base e com galhos pendentes. As folhas verde-escuras e brilhantes são simples, alternas, coriáceas, de 5 cm a 18 cm de comprimento por 5 cm a 10 cm de largura, e caem na estação seca.

A propagação é, principalmente, por enxertia, pois as sementes podem levar até 18 meses para germinar.

A espécie ficou conhecida como castanha-de-cutia porque o animal é o único capaz de roer seus frutos duros para comer as sementes

Em um ano a árvore pode fornecer até 2.400 frutos.   No outro ano, a safra pode ser nula

Os frutos da árvore nascem solitários na ponta de pecíolo longo e aveludado. As folhas são simples e, quando jovens, amareladas

Couepia longipendula
Castanha-de-galinha, castanha-pêndula
Família *Chrisobalanaceae*

Outrora, era comum encontrar a árvore nas proximidades de Manaus, AM, onde as pessoas aproveitavam as amêndoas dois frutos para dar de alimento às galinhas, o que originou o nome popular da espécie: castanha-de-galinha. Hoje, devido ao desenvolvimento desordenado da cidade, é preciso ir até as proximidades do Rio Negro e do Rio Purus para apreciar a planta. A fruta também passou a ser rara nos mercados locais.

Curiosamente, os frutos ovalados, de 5 cm a 8 cm de comprimento, surgem isolados presos a um pêndulo longo, amarelo-claro e aveludado. Outra característica interessante do fruto é o caroço, com pericarpo lenhoso e difícil de abrir e interior parecido com a trama de um tecido feito de barbante. Ele abriga uma semente amarelada, de 2 cm a 4 cm, rica em óleo e proteínas, que pode ser consumida crua ou assada.

Quando encontrada em solo argiloso, no meio da floresta, a castanha-de-galinha pode atingir até 30 m de altura e ter tronco de 80 cm de diâmetro. Sob sol pleno, atinge apenas 8 m de altura. Independentemente disso, a árvore apresenta casca cinza, madeira pesada – difícil de trabalhar – e ramos pendentes, a partir de 1 m ou 2 m do solo. Suas folhas são simples, alternas, semicoriáceas, oblongas e, quando jovem, apresentam coloração amarelada ou avermelhada.

As flores hermafroditas são pequenas mas proporcionam um belo espetáculo, entre fevereiro e março, quando surgem. Elas são brancas, com estames róseos, se reúnem em panículas pendentes de até 1 m de comprimento e se abrem durante a noite para atrair morcegos, seu principal polinizador.

A castanha-de-galinha se multiplica por sementes que demoram até 40 dias para germinar. O crescimento inicial da planta é lento.

Couepia rufa
Oiti-coró, oiti-corá, oiti-coroia, oiti-boi, oiti-de-pernambuco, goiti-verdadeiro

Família *Chrisobalanaceae*

Normalmente, a árvore atinge entre 10 m e 20 m de altura. Mas no seu hábitat, Pernambuco, Alagoas e Paraíba, é possível encontrá-la com porte de até 30 m. Seu tronco, retilíneo ou ligeiramente tortuoso, mede de 30 cm a 60 cm de diâmetro e é recoberto por casca rugosa. A madeira é cor de vinho.

Os ramos da espécie são finos, levemente pilosos e ficam com cicatrizes das folhas que caíram. Eles têm coloração ferrugínea, assim como a nervura das folhas e as flores. Por isso, a espécie foi batizada de *rufa*, que em latim significa: rubro, vermelho.

Além de avermelhadas, as folhas são simples, coriáceas, com a base obtusa, ápice acuminado, tom verde-escuro na face superior e amarelado na inferior. Essas características e o tamanho delas – medem entre 10 cm e 22 cm de comprimento por 7 cm a 12 cm de largura – contribuem para a beleza da copa densa e ampla da árvore.

As flores surgem entre setembro e outubro. Elas se reúnem em panículas terminais, de até 15 cm de diâmetro, têm estames marrom-avermelhados e são hermafroditas. Os frutos medem cerca de 11 cm, amadurecem em janeiro ou fevereiro e são drupas desuniformes, marrons, com pouca polpa. Isso porque a semente chega a medir 7 cm. De sabor adocicado e agradável, os frutos costumavam ser comercializados em feiras livres do Nordeste – principalmente em Recife, PE. Hoje é difícil encontrá-los. Isso pode ser explicado pelo desenvolvimento dos centros urbanos e porque a árvore deixa de florescer e frutificar por dois ou três anos consecutivos – o que está sendo estudado pelo Centro de Tecnologias Estratégicas do Nordeste (Cetene).

O oití-coró é propagado por sementes que demoram em torno de 2 meses para germinar. O crescimento da muda é lento.

Os ramos, as folhas e as flores da árvore têm cor de ferrugem. A copa é arredondada e os frutos têm forma irregular e uma grande semente (acima)

Silvestre Silva

As flores rosa-púrpuras e as folhas verde-avermelhadas e brilhantes proporcionam um aspecto bonito à árvore

A sorva é uma das poucas plantas da família das *Apocynaceaes*, com látex comestível

Couma utilis

Sorva, sorvinha, sorva-miúda, sorva-pequena, couma, cumã

Família *Apocynaceae*

A árvore ornamental é uma importante fonte de alimento para os povos da Floresta Amazônica. Não pelo frutos, mas pelo látex que produz em grande quantidade, e substitui o leite de vaca no café da manhã, no cafezinho, no mingau e em algumas receitas. Nas tribos indígenas, o látex também é ingerido como vermífugo e utilizado para desinfetar o umbigo de recém-nascidos.

A sorva é atrativa e pode ser utilizada no paisagismo. Ela mede de 5 m a 20 m de altura, tem copa grande e fechada e tronco de casca cinza com de 40 cm a 80 cm de diâmetro. Suas folhas são simples, subcoriáceas, verde-escura, com nuances avermelhadas quando jovens e surgem em grupo de três. O pecíolo delas é curto, as nervuras bem definidas, com a central mais acentuada. Cada folha mede de 5 cm a 10 cm de comprimento por até 4 cm de largura.

As inflorescências se dispõem nas axilas das folhas e na parte terminal dos ramos e são formadas por pequenas flores rosa-púrpuras e hermafroditas. Os frutos são bagas globosas, de polpa mole e doce, com cerca de 3,2 cm de diâmetro e verdes, mesmo quando maduros. Cada um abriga de 7 a 48 sementes pequenas e aladas, que germinam facilmente.

Na região de Manaus, a sorva floresce duas vezes ao ano. No início das chuvas, de dezembro a março, a florada é mais intensa. No início da estação seca, de maio a julho, mais mirrada. Já em Belém, PA, a floração maior ocorre entre abril e julho e a menor, de novembro a fevereiro.

A sorva também pode ser propagada por enxertia e cresce rapidamente.

Até os frutos, de polpa doce, apresentam látex saboroso

Silvestre Silva

Couratari asterotricha
Imbirema, jequitibá-de-manta

Família *Lecythidaceae*

Era frequente encontrar esta árvore na Mata Atlântica do sul da Bahia ao Espírito Santo e em parte de Minas Gerais. Hoje, consta que há exemplares apenas na Reserva Florestal de Linhares, Espírito Santo, no Jardim Botânico do Instituto Agronômico de Campinas, São Paulo, e em algumas propriedades particulares dessas regiões. Isso levou a espécie a ser considerada em estado crítico de extinção, na lista elaborada pela União Internacional para a Conservação da Natureza e dos Recursos Naturais (IUCN). No seu hábitat, o fuste retilíneo da imbirema chegava a medir até 31 m de altura por 80 cm de diâmetro. Nas áreas em que são cultivadas, ela mede entre 10 m e 20 m e é curto.

A casca do tronco da espécie é cinza e com muitas fissuras verticais, e o cerne – a parte interna do tronco – é amarelado. A copa é larga e muito ramificada. As folhas são permanentes, simples, lisas, ovaladas, com textura de couro, estria central amarelada e ápice acuminado. Elas medem entre 8 cm a 15 cm de comprimento por 4 cm a 7 cm de largura e são sustentadas por pecíolo curto.

Entre março e maio, quando floresce, a árvore fica muito ornamental. As flores são amarelas, grandes e carnudas, e se reúnem em panículas terminais de cerca de 20 cm de comprimento. Elas servem de alimento a passarinhos, macacos e têm um perfume inebriante e muito especial. Quando a florada acaba, as pétalas que caem das flores compõem um tapete amarelo sob a copa. Essa característica é comum à maioria das plantas da família *Lecythidacea*.

Os frutos surgem de julho a setembro e são elípticos, pixídios – secos e com uma espécie de tampa que se desprende quando amadurecem –, com cerca de 13 cm de comprimento por 5,5 cm de largura. As sementes no mesmo formato têm "asas" transparentes para serem dispersadas pelo vento. Elas germinam em até 50 dias, e o desenvolvimento é moderado.

A árvore de copa elegante e florada exuberante pode ser aproveitada no paisagismo em quase todas as regiões do Brasil. Na natureza, corre risco de extinção

As folhas secam e caem antes de as flores brotarem

Couratari guianensis
Tauari

Família *Lecythidaceae*

A árvore de 50 m de altura e 2 m de diâmetro de tronco faz parte da família das *Lecythidaceaes*, uma das mais importantes da região amazônica, que, entre outras espécies, agrega a castanheira-do-Brasil, o abricó-de-macaco e a sapucaia. Devido ao porte, o tauari desenvolve sapopemas, de 3 m a 8 m de altura, utilizadas por alguns arquitetos e decoração, principalmente, como tampo de mesa. A madeira, de coloração vermelho-rosada e excelente qualidade, também é aproveitada na produção de assoalhos, de brinquedos e de instrumentos musicais. Sua exploração está entre as consideradas racionais e sustentáveis da Amazônia.

É uma espécie de fuste cilíndrico ou acanalado, marrom--escuro e escamoso, que ao descascar demonstra uma madeira recoberta por uma leve resina, de odor forte. A parte interna do tronco apresenta uma película fina que, antigamente, era utilizada pelos pajés para enrolar os cigarros dos rituais indígenas. A copa é aberta e volumosa, mas relativamente pequena para o porte da árvore. Os ramos jovens são marrom-claros, os velhos, marrom-escuros, com cicatrizes salientes das folhas que caíram.

Simples, coriáceas, alternas, com o ápice agudo e pecíolo grosso, as folhas são verde-escuras, medem até 15 cm de comprimento por 9 cm de largura, e têm estrias aparentes na face interna, a central é grossa. Quando as folhas secam, ficam marrons, caem e se inicia uma florada intensa e muito atrativa. As flores são hermafroditas, grandes, rosadas ou avermelhadas, com seis pétalas, seis sépalas, capuz e pedúnculo longo, também avermelhado. Elas se reúnem em panículas terminais ou axilares e mais de uma vez ao ano, mas com mais intensidade no segundo semestre. Sua polinização é feita por abelhas mamangavas e elas servem de alimento para macacos, pássaros e outros bichos quando caem.

Os frutos do tauari brotam seis ou oito meses após as flores e são cilíndricos, lenhosos, com até 17 cm de comprimento por 6 cm de largura. Quando maduros, eles se abrem naturalmente e liberam sementes oblongas que são levadas pelo vento ou dispersas por animais. A durabilidade das sementes é boa, a taxa de germinação é alta e a emergência ocorre em pouco mais de um mês.

Os frutos são deiscentes

A árvore é enorme. Para não tombar, desenvolve sapopemas

Os frutos ficam amarelos quando maduros, e seu sabor não agrada a todos

Indicada para o paisagismo, a árvore tem florada vistosa e copa que sombreia

Crataeva tapia

Trapiá, tapiá, cabaceira, cabaceira-do-pantanal, pau-d'alho, catoré

Família *Capparidaceae*

A árvore de médio porte – 5 m a 12 m – já foi comum em matas secundárias, brejosas e restingas de grande parte do Brasil. Hoje, apenas no Nordeste ela é vista com frequência. No Sudeste e Centro-Oeste, mais especificamente no Pantanal Mato-grossense, há registro de alguns raros exemplares. Assim como no México e na Argentina.

É uma espécie de copa pequena formada por folhas compostas por três folíolos lisos, ovais e de ponta acuminada, com até 12 cm de comprimento por 6 cm de largura. Seu tronco, com cerca de 40 cm de diâmetro, é recoberto por uma casca fina e pardacenta e, geralmente, tortuoso. A madeira é esbranquiçada, relativamente frágil, mas utilizada para diversas finalidades.

A florada do trapiá ocorre entre agosto e novembro e atrai beija-flores e insetos, principalmente abelhas. As inflorescências medem entre 12 cm e 15 cm de comprimento e são compostas por flores brancas ou rosadas, de estames longos e vermelhos. Os frutos surgem de janeiro a maio e são bagas globosas, de 3 cm a 6 cm de diâmetro, verdes quando imaturos e amarelos quando maduros. Eles têm casca grossa e também são amarelados na parte interna. Sua polpa é branca de sabor agridoce e odor típico que não agrada a todos. No Pantanal, os frutos são procurados por macacos – especialmente bugios –, roedores e outros animais, inclusive peixes grandes que conseguem romper a casca.

As sementes de formato peculiar são bege, com cerca de 1 cm de diâmetro. Sua taxa de germinação gira em torno de 50% e, quando ocorre, demora cerca de um mês. O crescimento é rapido.

Uma curiosidade: o nome popular pau-d'alho se refere ao odor exalado pelas folhas, frutos e madeira da árvore.

Sob a sombra da Trapiá em Itamaracá, PE

A cuieira tem copa ampla, folhas grandes e é comum na beira de rios, como visto em Manacapuru, AM (acima). Seus frutos são pesados e devem ser escorados

"Um traço cultural desse mundo é a cuieira, árvore símbolo da era pré-colombiana. Ela é a 'impressão digital' da demografia indígena: não há aldeia sem cuieiras, um pé de cuia na mata fechada é a última prova de uma tapera (ruína) indígena. Com a casca dos frutos maduros se fazia toda sorte de utensílios."
VARELLA, José. *Árvore da Amazônia*, 2006

Crescentia cujete
Coité, cuité, cuieté, cuia, cuieira, árvore-de-cuia, cabaceira

Família *Bignoniaceae*

Não há consenso quanto à origem da espécie: alguns especialistas acreditam que ela é nativa apenas da América Central, outros que ela também é nativa da Amazônia brasileira. Certo é que seus frutos, conhecidos como cabaça, são utilizados há séculos para diversas finalidades. Entre as mais ancestrais, está servir como prato. Utilidade dada pelos indígenas, os primeiros a domesticar a cueira. Sua grande dispersão é antiga. No Brasil é encontrada em todas as regiões, com exceção da Sul, por não apreciar frio extremo. Na América Central é ainda mais frequente.

Trata-se de uma espécie ornamental, de 6 m a 12 m de altura, com tronco tortuoso, de até 35 cm de diâmetro, e ramos compridos que proporcionam uma boa área de sombra. A casca do fuste é marrom-acinzentada e a madeira, de baixa resistência à umidade, é utilizada apenas em artesanato.

As folhas simples, de até 15 cm de comprimento por 5 cm largura, são brilhantes, persistentes, alternas e nascem, inclusive nos ramos grossos, proporcionando à planta um aspecto muito peculiar. As flores são grandes, campanulares, amarelo-esverdeadas, com estrias violáceas na parte externa. Elas também brotam diretamente nos ramos e são polinizadas, principalmente, por morcegos. A época de florada varia de acordo com a região: no Norte, acontece entre julho e setembro; no Nordeste, entre maio e agosto; e, no Sudeste, entre outubro e maio. Os frutos lisos, arredondados ou ovais, demoram mais ou menos um ano para amadurecer, e, por serem grandes – chegam a 30 cm de diâmetro – e pesados, muitas vezes pendem os galhos, que precisam ser escorados. Para que sirvam como cuias, os frutos são colocados para secar com a polpa e posteriormente cortados. A polpa é esbranquiçada, suculenta e amarga, com muitas sementes, aladas, de coloração entre marrom e negra.

A propagação pode ser feita por sementes, que germinam em até 40 dias, e por estaquia.

Em Belém, PA, o prato típico tacacá só é servido em cuias

Silvestre Silva

Croton floribundus

Capixingui, capexingui, capioxongui, apigui, tapixingui, velame, velame-de-cheiro

Família *Euphorbiaceae*

Essa espécie de croton é bastante disseminada no Brasil. Pode ser encontrada do Nordeste ao Paraná, no Sul, mas é frequente entre o Rio de Janeiro, Minas Gerais e São Paulo. Ela habita a Mata Atlântica e é indicada para recomposição de áreas degradadas e para o paisagismo. Sua florada é exuberante. O nome da espécie prova isso: em latim *floribundus* significa "muito florida".

As flores são amarelas e pequenas, mas se reúnem em inflorescências pendentes, com até 30 cm de comprimento, na parte terminal dos ramos ou na axilas das folhas. Por isso, proporcionam um belo efeito visual ao jardim. Além disso, as flores são ricas em néctar de grande valor nutritivo que atrai insetos, beija-flores e outros passarinhos.

No Sul e no Sudeste, o capixingui floresce entre julho e frutifica de novembro a abril. Seus frutos são capsulares, verde-amarelados e espinescentes. Eles se formam em cachos e se abrem de forma explosiva quando maduros, para dispersar as sementes. Cada fruto contém três sementes oleaginosas, pequenas, ovais, bege ou marrom-escuras, que apresentam um arilo gorduroso na ponta. Ele atrai formigas, mas isso não danifica a semente.

O capixingui mede de 6 m a 10 m de altura e tem fuste entre 20 cm a 30 cm de diâmetro, retilíneo, cilíndrico, de casca áspera, cinza e aderente. Quando cortado, o tronco libera látex que se torna escuro rapidamente. Sua copa é densa, larga e adquire formato muito harmonioso. As folhas são macias, alternas, de ápice acuminado, verdes na face superior e verde-prateadas na face inferior, com pelugem áspera de ambos os lados.

A propagação é por sementes que germinam em torno de um mês e meio. O desenvolvimento é rápido. Como outras espécies da família *Euphorbiaceae*, ela é utilizada para fins medicinais.

A árvore de até 10 m de altura é indicada para áreas degradadas e para o paisagismo. Ela é rústica e sua florada é intensa

156 ▪ ARVORES NATIVAS DO BRASIL

Croton urucurana
Sangue-de-dragão, urucurana, urucuana, lucurana, drago, sangue-da-agua, sangra-dagua

Família *Euphorbiaceae*

A árvore, de 6 m a 12 m de altura, tem tronco de 25 cm a 35 cm de diâmetro e é uma das espécies brasileiras mais estudadas pela etnobotânica, ciência que analisa a relação entre a cultura de um grupo e as plantas do seu ambiente. E como a espécie é encontrada de capoeiras a áreas brejosas de Norte a Sul do Brasil – no Sudeste e Sul com mais frequêcia –, suas propriedades anti-inflamatória e cicatrizante são bastante conhecidas.

É uma espécie de fuste curto ou retilíneo – dependendo do seu hábitat –, recoberto por casca cinza-escura que, quando cortada ou ferida, libera látex de cor sanguínea. Daí, o apelido sangue-de-dragão, dado pelos espanhóis na época da colonização. Sua copa é formada por muitos galhos que surgem a poucos metros do solo e por folhagem muito ornamental. As folhas, no formato de coração, medem de 9 cm a 18 cm e são macias, verde-escuras na parte superior e verde-prateadas, com uma fina pelugem, na face inferior. Quando maduras, elas ficam amareladas e se enrolam antes de cair. A troca se dá aos poucos.

As flores pequenas e brancas se reúnem em pendões compridos por um longo período do ano. No Sudesde e no Sul, por exemplo, costumam brotar entre novembro e dezembro e permanecer até junho ou julho. Elas se abrem ao anoitecer para serem polinizadas na manhã seguinte, principalmente por abelhas. Os frutos são muito pequenos e surgem ao redor do eixo floral concomitante às flores. Eles apresentam sementes cinza redondas e achatadas que demoram cerca de um mês para brotar. A taxa de germinação chega a 90%, e o crescimento é rápido.

Esta espécie de croton é bastante ramificada e apresenta folhas grandes, no formato de coração, muito ornamentais

A árvore de até 10 m de altura floresce mais de uma vez por ano. Seus frutos achatados medem cerca de 7 cm de diâmetro e têm penugem fina

Crudia tomentosa

Jutairana, jutaí, jutaiense, jutaibeba, jutaúba, jutaúba, orelha-de-cachorro, lombrigueira

Família *Fabaceae*

A árvore nativa das várzeas inundáveis, beiras de rios e igarapés da Amazônia é bastante utilizada na arborização de Manaus, AM. Ela mede de 4 m a 10 m de altura e tem tronco com até 40 cm de diâmetro, de casca pardacenta e rugosa. O fuste é curto, com muitos galhos baixos e com copa arredondada, formada por folhas pinadas, alternas, com 3 a 4 folíolos, de 4 cm a 8 cm de comprimento por 3 cm a 5 cm de largura, lisos, ovais, verde-escuros e com nervura central amarelada.

A jutairana pode florescer mais de uma vez por ano. Mas a florada intensa acontece em novembro, época de seca na região amazônica. As flores se formam em inflorescências pendentes e globosas e são brancas, levemente perfumadas, hermafroditas e constantemente visitadas por beija-flores, abelhas e outros insetos.

Os frutos são marrom-escuros ou ferrugíneos, arredondados, com de 5 cm a 10 cm de diâmetro, duros, achatados e encobertos por penugem fina – por isso, a espécie foi chamada de tomentosa. Eles têm pouca polpa em decorrência da semente grande de casca fina e marrom que abrigam. A maioria das sementes germina em cerca de um mês, e o desenvolvimento da planta é lento.

158 ÁRVORES NATIVAS DO BRASIL

Cupania vernalis

Camboatá, camboatá, camboatá-vermelho, arco-de-pipa, arco-de-peneira, cubatã, cubantã, cuvantã, gragoatão, Jaguará-ratai, Miguel-pintado, pão-de-cantil

Família *Sapindaceae*

Ela é característica da Mata Atlântica da Bahia até o Rio Grande do Sul, mas também é encontrada em outras formações vegetais, como cerrados e matas de galeria. Ela mede entre 10 m e 22 m de altura e tem tronco com até 70 cm de diâmetro, de casca fina, cinza e áspera utilizada para fins medicinais. Quando jovem seu tronco é marcado por anéis, quando adulto apresenta manchas liquênicas. A madeira pesada é utilizada na construção civil, produção de molduras para obras de arte e artesanatos em geral.

Por apresentar copa ampla e densa, o camboatá costuma ser plantado em pastagens e culturas diversas para proporcionar áreas sombreadas. Também é explorado no paisagismo de fazenda, parques e outros grandes espaços. Suas folhas são alternas, compostas de 10 a 18 folíolos, de até 15 cm de comprimento, com nervuras numerosas e visíveis na face inferior.

As inflorescências são panículas terminais, longas e verticais, compostas por pequenas flores, amarelas, pentâmeras, hermafroditas, de cerca de 5 mm de comprimento. Elas surgem em grande quantidade de março a julho e atraem abelhas e outros insetos. Em setembro, a árvore começa a frutificar. Os frutos são cápsulas verde-claras, quando maduras, de formato irregular e cerca de 2 cm de comprimento. Eles se abrem espontaneamente, expondo de 1 a 3 sementes, ovoides, com a ponta recoberta por arilo amarelo e macio, que atrai formigas e diversas aves. As sementes levam em torno de um mês para germinar, e o crescimento da muda é lento.

A árvore tem folhas parapinadas, e seu tronco é marcado por anéis quando jovem

Típica do cerrado, a espécie tem tronco tortuoso e folhas ásperas que lhe renderam o apelido de lixa

Curatella americana

Lixa, lixeira, lixa-vegetal, caimbé, marfim, pentieira, caimbeba, cambaíba, cambarba, coimbé, curatela, caju-bravo-do-campo, caju-bravo, marfim, marajoara, rambaíba, ratapanga, sambaíba, sambaibinha, sobro

Família *Dilleniaceae*

A espécie é encontrada em grupos grandes, pequenos ou isolada em cerrados, savanas e lavrados das regiões Norte, Nordeste, Centro-Oeste e Sudeste do Brasil. Sua distribuição é descontínua devido à degradação desses ecossistemas para o agronegócio e a criação de gado. Além de recorrente no país, a árvore é encontrada do México até a Bolívia, nas Guianas, na Colômbia, no Panamá e na Venezuela.

Seu nome popular, lixeira, refere-se ao fato de suas folhas grandes, duras e ásperas antigamente serem usadas como lixa para arear panelas, para amaciar mãos e pés e para dar acabamento em cabrestos, selas e muitos outros objetos usados pelo homem do campo. As folhas, de até 23 cm de comprimento por 12 cm de largura, são elípticas, levemente serreadas e com nervura amarelada e saliente. Elas são ásperas pelo acúmulo de sílica.

A lixeira mede entre 5 m e 10 m de altura e tem fuste curto, com até 50 cm de diâmetro. Seus galhos são tortuosos, e sua copa arredondada é elegante e proporciona boa área de sombra. A época da florada varia de região para região. Em geral, começa após as primeira chuvas. No Sudeste, por exemplo, ocorre entre julho e agosto. As flores são brancas ou amareladas, medem apenas 5 mm de comprimento e apresentam muitos estames. Mas, como nascem em grande quantidade, em inflorescências terminais, proporcionam um belo efeito visual à paisagem.

Os frutos são cápsulas de cerca de 2,5 cm, com valvas vermelhas na parte interna e cinza na externa. As sementes, de arilo branco, macio e carnoso, constitui importante fonte de alimento para os pássaros dos cerrados, os principais dispersores da espécie. No Sudeste, os frutos brotam entre novembro e dezembro.

A propagação é feita por sementes cuja taxa de germinação é baixa. Quando ocorre, demora um mês. O crescimento da muda no campo é lento.

Silvestre Silva

Índice de nomes populares do volume 1

A

Abajeru	122
Abricó-de-macaco	143
Acapurana	72
Acapurana-da-varzea	72
Acapurana-do-igapó	72
Acapurana-do-igarape	72
Acapurana-vermelha	72
Ajiru	122
Ajuru	122
Amburana	134
Amburana-de-cheiro	14
Amêndoa-dos-andes	143
Amendoim-de-arvore	50
Andiroba	74
Andirobeira	74
Andirobinha	74
Angelim-amargoso	26
Angelim-coco	26
Angelim-de-folha-grande	26
Angelim-de-morcego	26
Angelim-de-morcego	26
Angelim-do-campo	26
Angelim-doce	26
Angelim-falso	8
Angelim-macho	26
Angelim-rosa	26
Angelim-vermelho	26
Angico	24
Angico-amarelo	22
Angico-branco	24
Angico-bravo	22
Angico-castanho	22
Angico-da-mata	24
Angico-de-banhado	22
Angico-de-casca	22
Angico-do-campo	22
Angico-do-cerrado	22
Angico-do-morro	24
Angico-fava	22
Angico-manso	22
Angico-preto	22
Angico-vermelho	24
Apigui	158
Ararauba	116
Araribá	116
Araribá-amarelo	116
Araribá-carijó	116
Araribá-rosa	116
Araruva	116
Araucária	30
Arco-de-peneira	161
Arco-de-pipa	161
Aribá	116
Árvore-da-lã	108
Árvore-da-preguiça	98
Árvore-da-seda	108
Árvore-de-cuia	156
Árvore-de-formiga	98
Árvore-de-paina	112
Àrvore-de-seda	106

B

Baba-de-boi	142
Babosa-branca	142
Babosa-doce	142
Baga-de-tucano	124
Bala-de-canhão	143
Balsamo	135
Bálsamo-de-landim	68
Barriguda	106
Barrigura	112
Binga	78
Bombeiro	124
Braúnia	54

C

Cabaceira	155
Cabaceira	156
Cabaceira-do-pantanal	155
Cabo-de-machado	34
Cabo-de-machado	34
Cacau-do-maranhão	50
Cacharana	60
Cachimbeiro	78
Caimbé	162
Caimbeba	162
Cajarana-do-litoral	60
Caju	18
Caju-bravo	16
Caju-bravo	162
Caju-bravo-do-campo	162
Caju-da-mata	16
Caju-grande	16
Cajuaçu	16
Cajuí	16
Cambaíba	162
Cambarba	162
Camboatá	161
Camboatá	161
Camboatá-vermelho	161
Canafistula	90
Canafistula-de-bezouro	90
Canafrista	90
Canela-de-velho	34
Cangerana	60
Canharana	60
Canjerana	60
Canjiquinha	90
Capaúba	135
Capexingui	158
Capioxongui	158
Capixingui	158
Capoerana	72
Carapa	74
Carapanaúba	34
Carapanaúba-amarela	34
Cárapiá	142
Carauta	125
Casco-de-vaca	40
Cássia-grande	92

162 ARVORES NATIVAS DO BRASIL

Castanha	50
Castanha-de-cutia	146
Castanha-de-galinha	148
Castanha-de-macaco	143
Castanha-do-brasil	42
Castanha-do-maranhão	50
Castanha-do-pará	42
Castanha-pêndula	148
Castanha-verdadeira	42
Castanheira	42
Catiuba	53
Catiubeira	53
Catoré	155
Cedrão	104
Cedrelinga	104
Cedro	102
Cedro aguano	104
Cedro-amarelo	102
Cedro-amazonense	104
Cedro-batata	102
Cedro-branco	102
Cedro-cetim	102
Cedro-cheiroso	102
Cedro-da-varzea	102
Cedro-do-mangue	68
Cedro-do-pântano	68
Cedro-rosa	102
Cedro-urana	104
Cedro-vermelho	102
Cedrorana	104
Cerejeira	14
Cerejeira-do-norte	14
Ceru	10
Cheru	10
Churu	10
Chuva-de-ouro	90
Claraíba	138
Clúsia	126
Clusia	127
Clusia-de-flor-grande	127
Coatinga	78
Cocoloba	132
Coimbé	162
Coité	156
Colorau	46
Contas-de-nossa-senhora	8
Copaíba	135
Cordia-preta	140
Couma	150
Cubantã	161
Cubatã	161
Cuia	156
Cuia-de-macaco	143
Cuiarana	143
Cuieira	156
Cuieté	156
Cuité	156
Cumã	150
Cumandá	72
Cumanda-açu	72
Cumaré	14
Cumaru-das-caatingas	14

Cumaru-de-cheiro	14
Cumaru-do-ceará	14
Cupiuva	135
Curatela	162
Cutiúba	52
Cuvantã	161

D

Drago	159

E

Embaúba	98
Embaúba	98
Embaúba-da-mata	98
Embaúba-prateada	98
Embaúba-vermelha	98
Embauva	98
Embauva-branca	98
Embira-branca	28
Emburana	134
Erva-cheirosa	12
Escorrega-macaco........................	70
Escova-de-macaco	28

F

Falso-barbatimão	96
Favela	130
Faveleira	130
Feijó-branco	140
Feijó-verdadeiro	140
Frei-jorge	140
Freijó	140
Freijó-cinza	140
Freijó-preto	140

G

Galandim	68
Geneuna	92
Goiti-verdadeiro	149
Golandim	68
Gororoba	116
Gragoatão	161
Grão-de-galo	142
Grão-de-porco	142
Guajará	123
Guajiru	122
Guajuru	122
Guanambi	68
Guanambi-carvalho, Guanambi-cedro	68
Guanambi-de-leite	68
Guanambi-de-leite	68
Guanandi	68
Guanhuma	142
Guarucaia	90
Gulande	68
Gulande-carvalho	68

I

Ibirapitã	61
Ibiraputã	61
Icaco	122
Imbaiba	98

Imbirema 152
Imburana 134
Imburana-brava 134
Imburana-de-cambão 134
Imburana-de-cheiro 14
Incó 73
Ingá-mari 93
Ingarana 8
Ipirapitinga 61
Iriribá 116

J

Jacarandá-de-lombriga 26
Jacaré 120
Jacareíba 68
Jacareúba 68
Jacarioba 68
Jacurandi 68
Jagoará-muru 142
Jaguará-ratai 161
Jangada-do-campo 142
Jangadeira 28
Jequitibá 78
Jequitibá 80
Jequitibá-branco 78
Jequitibá-cedro 80
Jequitibá-de-manta 152
Jequitibá-grande 80
Jequitibá-rei 78
Jequitibá-rosa 80
Jequitibá-vermelho 80
Jucá 64
Jutaí 160
Jutaibeba 160
Jutaiense 160
Jutairana 160
Jutaúba 160
Jutaúba 160

L

Landi 68
Landim 68
Lixa 12
Lixa 162
Lixa-branca 12
Lixa-vegetal 162
Lixeira 12
Lixeira 162
Lixinha 12
Lombrigueira 160
Louro 138
Louro-branco 138
Louro-de-mato-grosso 138
Louro-preto 138
Lucurana 159

M

Macacarecuia 143
Macacaricuia 143
Mamorana 50
Mamrajoara 162
Manaiara 72

Manga-da-praia 126
Marfim 162
Marfim 162
Mari-mari 93
Mari-mari-da-varzea 93
Medalhão-de-ouro 96
Miguel-pintado 161
Morcegueira e mata-baratas 26
Mulateiro 70
Murici 56
Murici-da-praia 56
Murici-da-restinga 56
Murici-do-campo 56
Murici-do-cerrado 56
Muruci 56

O

Oiti-boi 149
Oiti-corá 149
Oiti-coró 149
Oiti-coróia 149
Oiti-de-pernambuco 149
Óleo 135
Orelha-de-burro 127
Orelha-de-cachorro 160
Orelha-de-macaco 120

P

Paina-branca 106
Paina-de-seda 112
Paina-lisa mafumeira 108
Paineira 112
Paineira-branca 106
Paineira-branca 112
Paineira-rosa 112
Palheteiro 125
Pão-de-cantil 161
Paraçana 53
Pata-de-boi 40
Pata-de-vaca 40
Pata-de-vaca-de-espinho 40
Pau-angelim 26
Pau-bicho 8
Pau-bingueiro 78
Pau-brasil 61
Pau-dalho 155
Pau-de-azeite 68
Pau-de-binga 78
Pau-de-cachimbo 78
Pau-de-jangada 28
Pau-de-maria 68
Pau-de-morcego 26
Pau-de-óleo 135
Pau-de-pernambuco 61
Pau-de-tamanco 124
Pau-de-viola 124
Pau-ferro 64
Pau-marfim 70
Pau-mulato 70
Pau-mulato-da-varzea 70
Pau-pereiro 38
Pau-rosa 27

164 ■ ÁRVORES NATIVAS DO BRASIL

Pau-sândalo	68
Pau-vermelho	61
Pente-de-macaco	28
Pentieira	162
Pequarana-vermelha	86
Pequi	84
Pequi-do-cerrado	84
Pequiá	87
Pequia-bravo	86
Pequiarana	86
Pequiarana-da-varzea	86
Pequiarana-do-igapó	86
Perba-mirim	36
Pereiro	38
Pereiro-branco	38
Pereiro-de-saia	38
Peroba	36
Peroba-açu	36
Peroba-de-gomo	34
Peroba-de-rego	34
Peroba-miuda	36
Peroba-paulista	36
Peroba-rosa	37
Peteribi	138
Pinhão	30
Pinheiro	30
Pinheiro-do-paraná	30
Piqui	84
Piquiá	87

Q

Quebra-foice	64
Quina-de-rego	34
Quina-quina	34

R

Rambaíba	162
Ratapanga	162
Rosa-da-mata	54
Rosa-da-montanha	54
Rosa-da-venezuela	54

S

Samaúma	108
Sambaíba	162
Sambaibinha	162
Sangra-dagua	159
Sangue-da-agua	159
Sangue-de-dragão	159
Sapupira	52
Sapurira	53
Sepipira	53
Sepopira	53
Seru	10
Seruaia	93
Sibipiruna	66
Sicupira	52
Sobreiro	125
Sobro	162
Sombra-de-vaca	125
Sombreiro	125
Sombrero	125

Sorva	150
Sorva-do-peru	123
Sorva-miúda	150
Sorva-pequena	150
Sorveira-do-peru	123
Sorvinha	150
Sucupira	52
Sucupira	53
Sucupira-açu	53
Sucupira-amarela	52
Sucupira-da-mata	52
Sucupira-de-terra-firme	52
Sucupira-do-campo	53
Sucupira-do-cerrado	53
Sucupira-pele-de-sapo	52
Sucupira-preta	52
Sucupira-preta	53
Sucupira-roxa	53
Sumaúma	108
Sumaúma-da-varzea	108
Sumaúma-de-macaco	108
Sumaúma-de-terra-firme	108
Sumaúma-verdadeira	108
Sumaumeira	108

T

Tajaçu	142
Tapiá	155
Tapira-caiena	90
Tapixingui	158
Tarumã-branco	124
Tataré	120
Tauari	154
Tento	8
Tipiri	116
Trapiá	155
Tucaneira	124
Tucaneiro	124

U

Uá-indi	68
Uaiandi	68
Uajará	123
Uajuru	122
Umburana	134
Umburana-de-espinho	134
Umburana-vermelha	134
Unha-de-vaca	40
Urandi	68
Urucum	46
Urucurana, urucuana	159
Urucuzeiro	46

V

Velame	158
Velame-de-cheiro	158
Vinhático-de-espinho	120

Índice de nomes científicos do volume 1

A

Abarema jupunba 8
Allantoma lineata 10
Aloysia virgata 12
Amburana cearensis 14
Anacardium giganteum 16
Anacardium occidentale 18
Anadenanthera colubrina 22
Anadenanthera peregrina 24
Andira anthelmia 26
Aniba roseaodora var. amazonica 27
Apeiba tibourbou 28
Araucaria angustifólia 30
Aspidosperma discolor 34
Aspidosperma polyneuron 36
Aspidosperma pyrifolium 38

B

Bauhinia forficata 40
Bertholletia excelsa 42
Bixa orellana 46
Bombacopsis glabra 50
Bowdichia nítida 52
Bowdichia virgilioides 53
Brownea grandiceps 54
Byrsonima crassifolia / Byrsonima verbascifolia /
Byrsonima coclobifolia / Byrsonima crispa /
Byrsonima lancifolia / 56

C

Cabralea canjerana 60
Caesalpinia echinata 61
Caesalpinia ferrea var. leiostachya 64
Caesalpinia pluviosa var. pelthophoroides 66
Calophyllum brasiliensis 68
Calycophyllum spruceanum 70
Campsiandra laurifolia 72
Caparis yco 73
Carapa guianensis 74
Cariniana estrellensis 78
Cariniana legalis 80
Caryocar brasiliense 84

Caryocar microcarpum 86
Caryocar villosum 87
Cassia ferruginea 90
Cassia grandis 92
Cassia leiandra 93
Cassia leptophylla 96
Cecropia glaziovii / Cecropia hololeuca /
Cecropia pachystachya / Cecropia distachya 98
Cedrela fissilis 102
Cedrelinga catenaeformis 104
Ceiba glaziovii 106
Ceiba pentandra 108
Ceiba speciosa 112
Centrolobium tomentosum 116
Chloroleucon tortum 120
Chrysobalanus icaco 122
Chrysophyllum venezuelanense 123
Citharexylum myrianthum 124
Clitoria fairclidiana 125
Clusia fluminensis 126
Clusia grandiflora 127
Cnidoscolus phyllacanthus 130
Coccoloba sp 132
Commiphora leptophloeos 134
Copaifera lagsdorffi 135
Cordia glabrata 138
Cordia goeldiana 140
Cordia superba 142
Coroupita guianensis 143
Couepia edulis 146
Couepia longipendula 148
Couepia rufa 149
Couma utilis 150
Couratari asterotricha 152
Couratari guianensis 154
Crataeva tapia 155
Crescentia cujete 156
Croton floribundus 158
Croton urucurana 159
Crudia tomentosa 160
Cupania vernalis 161
Curatella americana 162

Glossário

A

Acícula – folha diminuta, parecida com agulha. É comum em pinheiros
Acroscópica – refere-se a inflorescências formadas por flores que se abrem sucessivamente, de baixo para cima
Acúleo – estruturas parecidas com espinhos, mas sem vascularização, se desprendem com facilidade
Acuminado – refere-se a folhas com pontas que se afunilam abruptamente
Alada – refere-se a sementes ou frutos com projeções achatadas que funcionam como uma espécie de asa, permitindo que plainem por certa distância quando levadas pelo vento
Alterna – refere-se a folhas que surgem alternadas ao longo dos ramos. Isso acontece porque cada nó de ramo só produz uma folha

Andrógena – flores com estruturas masculinas e femininas. O mesmo que hermafrodita
Anemocoria – fenômeno da dispersão de sementes pelo vento
Arilo – tecido carnoso que envolve alguns tipos de sementes
Axila – encontro entre duas estruturas, como o ramo e o pecíolo das folhas

B

Baixio – parte baixa das proximidades dos rios amazônicos, inundadas ou sujeitas a inundação
Bipinada – folha compostas por folíolos que também são compostos

C

Cacho – quando flores ou frutos brotam próximos um dos outros ao longo de um eixo alongado.

Caduca – designa uma planta que perde as folhas em determinada época do ano, geralmente na estação de seca

Campanulada – refere-se a flores em forma de sino

Campina – campo de solo arenoso branco com vegetação baixa

Campinarana – campo de solo recoberto por folhas e outras matérias orgânicas em decomposição, com vegetação pouco maior que a da campina

Capoeira – área com espécies que nasceram após a terra ser roçada ou queimada

Capoeirão – grandes áreas de capoeiras

Catafilo – tipo de folhas reduzidas, geralmente, parecidas com escamas, que servem como reservatório de nutrientes

Cerne – parte interna do tronco da árvore

Cerrado – região árida, com longo período de estiagem e vegetação característica

Ciliar – vegetação que margeia rios, lagos e mares

Cimeira – inflorescência com uma flor no topo do eixo principal

Composta – refere-se as folhas formadas por um tipo de folhas menores, chamadas de folíolos

Coriácea – refere-se a folhas com textura de couro; seca e levemente grossa

Cordiforme – refere-se a folhas no formato de coração

D

Dioica – plantas da mesma espécie com flores masculinas e femininas em exemplares separados

Decídua – planta que perde a folha na estação desfavorável ao seu desenvolvimento, geralmente o inverno, época de seca. O mesmo que caduca

Deiscente – fruto que se abre espontaneamente quando amadurece

Digitada – refere-se a folhas com folíolos distribuídos em forma de palma

Dossel – parte da floresta formada pela copa das árvores; topo das florestas

Drupa – fruto carnoso e indeiscente, com uma única semente

E

Emergência – broto; primeira saliência na semente

Espata – tipo de folha modificada que envolve folhas ou flores

Espatulada – com o cume arredondado; em forma de espátula

Espiralado – em forma de espiral

Estróbilo – estrutura reprodutora, seca, com tipos de escamas. É comum em gimnospermas

F

Fascículo – inflorescência com duas ou três flores reduzidas, as vezes difíceis de reconhecer

Filiforme – como um fio

Fissurado – refere-se a troncos com fissuras; com rachaduras

Folículo – fruto seco que só abre quando quebrado

Folíolo – folhas diminutas que compõem as folhas propriamente ditas

Fuste – mesmo que tronco

G

Gimnosperma – espécies ancestrais, com sementes nuas; desprovidas de polpas e de pericarpo

H

Hidrocória – dispersão das plantas pelo leito de rios e mares e outros fluxos de água

I

Indeiscente – refere-se aos frutos que não se abrem naturalmente

Imparabinada – folhas com um único folíolo na parte oposta ao pecíolo

Igarapé – leitos que nascem na mata e deságuam em rios

L

Lanceolada – folhas em forma de lança

M

Mangue – área lamacenta com árvores com raízes de escoras

Mata Atlântica – floresta tropical sujeita ao vento úmido do oceano, de vegetação heterogênea

Mata de galeria – áreas, inundáveis ou não, com vegetação de folhagem persistente, geralmente segue o leito da água, em locais onde não existem floretas

Melífera – que produz mel

Monospermo – diz-se dos frutos com apenas uma semente

O

Oblonga – refere-se a folhas com forma de lâmina; as bordas são paralelas e no ápice se estreita

P

Paina – conjunto de fibras sedosas que envolvem as sementes de diversas plantas

Panicola – inflorescência formada por um eixo principal de onde brotam rancemos

Paripinada – refere-se a folhas compostas por folíolos paralelos, que terminam com um par deles

Pecíolo – pequeno eixo que prende as folhas aos ramos

Pedúnculo – o cabo da flor ou da inflorescência

Pentâmera – refere-se a flores com cinco pétalas

Pericarpo – partes que compõem o interior do fruto

Pétala – partes alongadas e, geralmente, coloridas das flores

Piloso – estrutura recoberta por pelos

Pina – segmentos que surgem ao longo de uma haste central e compõem uma folha

Pinada – folha em forma de pena, com nervuras verticais que se encontram na nervura central das folhas

Pioneira – espécie resistente que inicia a colonização de uma área

Pixídio – fruto seco, que se abre no topo, como se tivesse uma tampa

Pseudofruto – parte carnuda de frutos secos, que atrai os dispersores

R

Racemo – inflorescência com flores reunidas em cachos; ao longo de um eixo central

Raque – o eixo principal de folhas e flores

Restinga – área de areia ou terra que avança pelo mar

S

Sâmara – um tipo de asa dos frutos que ajuda a serem levados pelo vento. Facilita a disseminação da espécie

Sapopema – raiz aérea grande e parecida com tábua que dá sustentação a algumas árvores

Semidecídua – planta que perde parcialmente as folhas em época que não lhe favorece, geralmente o inverno

Sépala – estrutura parecida com as pétalas, mas fica mais próxima das folhas e, em alguns casos, pode fazer a fotossíntese

Serriada – refere-se a folhas com borda que parece a lâmina de uma serra

Séssil – refere-se a frutos, flores e folhas que não têm pecíolo, se ligam diretamente nos galhos ou qualquer outro eixo

Suberoso – tronco encoberto com casca formada por células mortas, parecido com cortiça

Sulcado – tronco com marcas verticais

T

Tabuleiro – áreas planas formadas por vegetação típica de outros ecossistemas, principalmente caatinga

Tomentoso – parte da planta encoberta por pelos curtos e rígidos

Triquilia – dilatação carnosa, macia e pilosa do pecíolo das folhas

V

Valva – refere-se a frutos que se abrem em segmentos, em valvas

Vexilo – pétala que nasce acima das outras pétalas, geralmente é mais chamativa

Referências

BACKES, PAULO, BRUNO IRGANG. *Mata Atlântica as árvores e a paisagem*. Porto Alegre. Paisagem do Sul, 2004.

BRAGA, R. *Plantas do Nordeste, especialmente do Ceará*. Fortaleza: Esam, 1976.

BRUNO, Hernani. *Equipamentos, usos e costumes da casa brasileira*. Vol. 1: Alimentação. Museu da Casa Brasileira, 2000.

CARVALHO, J.E.U. de; Muller, C. H.; NASCIMENTO, W. M.O.do. *Classificação de sementes de espécies frutíferas nativas da Amazônia de acordo com o comportamento no armazenamento*. Belém: Embrapa CPATU, 2001. Comunicado Técnico 60.

CAVALCANTA P.B. *Frutas comestíveis da Amazônia*. Vols. l, ll, lll, Belém: MPEG,1979.

CORRÊA M.P. *Dicionário de plantas úteis*. Rio de Janeiro: IBDF, 1975. 6 vols.

CUNHA, E. da. *Os Sertões*. 9ª ed. São Paulo. Cultrix, 1993.

DANIEL, JOÃO, padre. *Tesouro descoberto no máximo Rio Amazonas*, v.1, Rio de Janeiro: Contraponto, 2004.

GONÇALVES, EDUARDO GOMES, HARRI LORENZI. *Morfologia vegetal*. Instituto Plantarum de Estudos da Flora, 2ª edição, 2011.

GUIMARAES ROSA, J. *Grande Sertão: Veredas*. Rio de Janeiro: José Olimpio, 1970.

HOENE, F.C. *Frutas indígenas*. São Paulo: Instituto de Botânica de São Paulo, 1979.

JOLY, A.B. Botânica. *Introdução a taxonomia vegetal*. São Paulo: Nacional, 1985.

LORENZI, H. *Árvores Brasileiras: manual de identificação e cultivo de plantas arbóreas nativas do Brasil*. São Paulo: Plantarum, 1998. 3 vols.

LORENZI, H. *Frutas brasileiras exóticas cultivadas*. São Paulo: Instituto Plantarum de Estudos da Flora, 2006.

LOUREIRO,A.A; SILVA M.F. ALENCAR, J. C. *Essências madeireiras da Amazonia*. Manaus: Inpa, 1979. 2 vols.

MAIA, GERDA NICKEL. *Caatinga: árvores arbustos e suas utilidades*. Fortaleza: D&Z, 2004.

MENDONÇA, MIRIAM PIMENTEL. *Guia ilustrado de árvores da Mata Atlântica de Minas Gerais*. São Paulo, Empresa das Artes, 2008.

OLIVEIRA, ALEXANDRE ADALARDO DE; DALLY, DOUGLAS C. Coordenação Draúzio Varell. *Florestas do Rio Negro*. São Paulo: Campanhia das Letras: Unip, 2001.

PESCE,C. *Oleaginosas da Amazônia*. Belém: Oficina Gráfica da Revista Veterinária, 1941.

POTT, A; POTT V.J. *Plantas do Pantanal*. Corumbá (MT): Centro de Pesquisa Agropecuária do Pantanal, Embrapa-SPI, 1994.

RIBEIRO DA SILVA, J.E.L. *Flora da Reserva Ducke: Guia de identificação das plantas vasculares de uma reserva de terra firme na Amazônia*. Manaus: INPA/DFID, 1999.

RIBEIRO, J.F. *Cerrado ecologia e flora*. Brasília: Embrapa publicações, 2008.

SEMIRAMIS, PERDOSA DE ALMEIDA. Carolyn E.B.Proença, et al. Embrapa, Brasília, 1998.

_____SILVA, S. *Frutas da Amazônia brasileira*. Revisão científica José Edmar Urano de Carvalho. São Paulo: Metalivros, 2011.

_____*Árvores da Amazônia*.Texto Noemi Vianna Martins Leão. São Paulo: Empresa das Artes, 2006.

SOUZA, M.H. *Madeiras tropicais brasileiras*. Brasília: Ibama, 1997.

VIEIRA, ROBERTO FONTES. *Frutas nativas da região Centro-Oeste*. Brasília: Embrapa Publicações, 2010.

ZOGBI, MARIA DAS GRAÇAS BICHARA. *Aroma de flores da Amazônia*, Museu Paraense Emilio Goeldi, Belém, 2000.

Agradecimentos

Ailton Andrade, Alberico Azevedo, Alexandre Soares, Carlos A. Cid Ferreira, César Saullo, Christianne Muller, Danilo Angrimani, Dora Dimand, Domingos Sanches Pena, Edla Azevedo, Eliane Azevedo, Elizabeth Azevedo Andrade, Francisco Leitão, José Fonseca (Juca), José Edmar Urano de Carvalho, José Raimundo de Pina, Jussara Angrimani, Luis Bacher, Manoel Carlos Chaparro, Manoel de Souza, Maria Luiza de Azevedo, Mariana Azevedo Andrade, Manoel de Souza, Osni Luiz Lima, Regina Vilela, Rosângela Azevedo, Sandro Coutinho, Thaysa Coutinho, Teresa Fonseca de Pina, Wladimir Figueiredo, Zilda Fonseca da Silva.

Embrapa Agro Indústria Tropical (Fortaleza, CE)

Embrapa Amazônia Ocidental (Manaus, AM)

Embrapa dos Tabuleiros Costeiros (Aracaju ,SE)

Embrapa Cerrados (Planaltina, DF)

Embrapa Recursos Genéticos e Biotecnologia (Brasília, DF)

Embrapa Amazônia Oriental (Belém, PA)

ESALQ/USP – Escola Superior de Agricultura Luiz de Queiroz Piracicaba (SP)

FAPEAM – Fundação de Amparo à Pesquisa do Estado do Amazonas

Fazenda Citra Dierberger (Limeira, SP)

Hotel Ariau (Manaus, AM)

IBF – Instituto Brasileiro de Florestas

INPA – instituto Nacional de Pesquisas da Amazônia (Manaus, AM)

Instituto de Botânica de São Paulo /Reserva e Estação

Experimental (Mogi Guaçu, SP)

Instituto Oikos de Agroecologia (Lorena, SP)

IPEF – Instituto de Pesquisas e Estudos Florestais

Jardim Botânico Adolfo Ducke (Manaus, AM)

Jardim Botânico do Instituto Agronomico de Campinas (Campinas, SP)

Jardim Botânico e Instituto de Arte Contemporânea Inhotim (Brumadinho, MG)

Jardim Botânico do Rio de Janeiro

Museu Paraense Emilio Goeldi (Belém, PA)

Parque Villa-Lobos – Secretaria do Meio Ambiente do Governo do Estado de São Paulo

Revista Terra da Gente – Grupo EPTV (Campinas, SP)

USP – Universidade de São Paulo (São Paulo, SP)

Este livro é dedicado ao meu pai Silvestre Quintino da Silva que me ensinou desde criança a amar a terra, minha mãe Maria Joana Fonseca e meus irmãos.

Para Andréa Gomes minha esposa.